梭罗

——旷野中的漫游者

段爱兰◎著

吉林大学出版社

图书在版编目(CIP)数据

梭罗：旷野中的漫游者 / 段爱兰著. --长春：吉
林大学出版社，2018.7
　　ISBN 978-7-5692-2734-5

　Ⅰ. ①梭… Ⅱ. ①段… Ⅲ. ①梭罗（Thoreau，
Henry David 1817—1862）-传记 Ⅳ. ①K837.125.6

　中国版本图书馆 CIP 数据核字(2018)第 181809 号

书　　名　梭罗：旷野中的漫游者
　　　　　SUOLUO KUANGYE ZHONG DE MANYOUZHE

作　　者　段爱兰　著
策划编辑　孟亚黎
责任编辑　孟亚黎
责任校对　樊俊恒
装帧设计　马静静
出版发行　吉林大学出版社
社　　址　长春市朝阳区明德路 501 号
邮政编码　130021
发行电话　0431－89580028/29/21
网　　址　http://www.jlup.com.cn
电子邮箱　jlup@mail.jlu.edu.cn
印　　刷　北京亚吉飞数码科技有限公司
开　　本　787×1092　1/16
印　　张　11.5
字　　数　149 千字
版　　次　2019 年 7 月　第 1 版
印　　次　2024 年 9 月　第 2 次
书　　号　ISBN 978-7-5692-2734-5
定　　价　46.00 元

引 言

　　享利·戴维·梭罗生于 1817 年 7 月 12 日，出身于美国马萨诸塞州康科德镇(Concord)一个小店主家庭，他的母亲从小就培养孩子们热爱自然的情怀，常常在阳光明媚的下午带孩子们出门远足、野炊，聆听鸟儿的歌唱。因此梭罗自幼就对自然有浓厚的兴趣，4 岁时第一次见到瓦尔登湖，当时的情景给他留下了深刻的印象，10 岁时写了"季节"一文，描述一年四季景色和天气的变化，是现存梭罗最早的作品。

　　梭罗于 1833 年入读哈佛学院，学习希腊语、拉丁语、数学、物理、自然哲学、历史、神学和精神哲学等课程。那时哈佛所在地剑桥(Cambridge)还是一个偏僻的乡镇，梭罗除了去教室和图书馆，还常常溜进剑桥的田野，或在查尔斯河畔闲逛，观察这一带的野生动植物。

　　1837 年梭罗从哈佛毕业后回到了康科德，有了更多的时间观察自然。他几乎每天都步行外出，足迹遍及康科德地区周边的乡村、田野、湖泊、河流，尤其是瓦尔登湖林区的每一个角落。他在日记中记下所见所闻的各种自然现象：何时花开，何时鸟叫。在阳光和煦的星期天上午，当他的邻居们整齐清洁地坐在教堂做礼拜时，他却涉过康科德河齐肩深的河水，查看水里的生物；当他的邻人们忙着耕地时，他却爬上最高的松树去找鸟窝、松球，或欣赏风景。事实上，梭罗本人也成了康科德人所熟悉的风景。

　　梭罗之所以成为现代文化偶像，部分原因在于他对现代世界无聊乏味工作的批评，因此他也一直致力于追寻有意义的事业。教育是他最初的选择，但他的初次教学尝试以辞职而告终，原因是他不愿意对学生进行体罚。后来,他和兄长约翰创办了自己的学校,非常成功,这项事业也为他们带来了收益。河上之旅便是他们的假期之旅。然而,在1841年春天,约翰的身体每况愈下,不得已放弃了教学,而梭罗也不愿独自继续这项事业,学校就此关闭。之后梭罗对未来感到十分茫然,因为约翰是他事业的引导人,而1842年约翰的去世更使他明显感到缺乏稳定的事业和目标。

在19世纪40年代早期,带着真诚又稍显模糊的文学抱负,梭罗的注意力转向了拉尔夫·华尔多·爱默生,并且在爱默生那里找到了安慰、友谊,得到了指导和鼓励。他吃住在爱默生家里,充当着朋友、评论者、学生、助理、园丁甚至是杂活工等多重角色。他与爱默生在《日晷》杂志上的合作有重大意义,这个短暂而又有影响力的杂志有助于人们理解新思想运动,如超验主义运动。和爱默生的合作以及诸多作者的交流使梭罗有机会接触到美国最新的思潮。

梭罗和爱默生之间保持了相当长时间的师生关系,因为当时的梭罗最需要的就是知识的培养、专业的鼓励和稳定的情感支持。梭罗也曾经尝试到纽约给威廉·爱默生的孩子当家庭教师,虽然并不成功,但这是梭罗迈向独立的第一步。梭罗和爱默生都明白一点,就是梭罗必然要走向独立,于是爱默生再次为梭罗提供了便利。他购买了瓦尔登湖畔的土地,这样梭罗就有机会进行简单自立生活的尝试。

梭罗一生最著名的经历是1845年至1847年在瓦尔登湖畔的小木屋里度过的两年两月零两天。这是他进行简朴生活的实验,他自己种菜,有时去附近的村子打零工,用大部分时间来观察自然、阅读和写作,并详细记录自己的观察、活动和思想,后来写成了《瓦尔登湖》(1854)一书。这部名著充满了对自然各个细节的微妙记录。在梭罗的笔下,瓦尔登湖是一个活生生的社会,野鸭、松鸡、鹇鸟、松鼠、兔子、狐狸、土拨鼠是它的常住居民。冬去春来,树木历经枯荣,这是生命的循环,是自然机体活力的证明。

瓦尔登湖畔的生活至少给梭罗提供了一个暂时解决事业困境的方法，这是一个专心从事文学创作的机会。虽然他最早的作品是《河上一周》，但他的成名来自他对湖边生活的描述，即《瓦尔登湖》，这部作品直到 1854 年才完成。湖畔的生活对于梭罗的确重要，而之后的 7 年也十分关键。在这 7 年中，他完成了自己的代表作，确定了生活的目标和方向。毫无疑问，两年在湖边专注的阅读和写作以及关于自然的研究对梭罗有巨大的积极的影响，他的转变开始了，从一个有抱负但茫然的学生成为一个给世人以启示的艺术家。如果说在湖畔的生活代表他自然生活的开始，那之后的几年不仅扩展了这一概念的意义，而且改进了这一概念的适用范围和实践方式。如果我们只了解瓦尔登湖畔的梭罗，那么我们就错过了他生命中最重要的部分。

到湖边独居之前，梭罗就喜爱旷野，而且擅长伐木、钓鱼，喜欢徒步旅行、修剪花草和观察自然，而他在湖边的生活似乎进一步点燃了他与自然和谐共存的愿望。当他离开湖边时，他的内心发生了巨大的变化。在《瓦尔登湖》一书中，梭罗记载了大量的对自然的观察和描述，记录了一些重要的时刻。在那些时刻，梭罗似乎失去了作为观察者的独立和客观，完全融入了周围的场景。

1846 年 9 月，还在瓦尔登湖畔居住的梭罗，携友人第一次游览了缅因州的森林，并攀登了缅因州最高的卡塔丁山。梭罗于 1853 年和 1857 年又重游缅因森林，这三次的游记后来合成为《缅因森林》一书。在缅因，梭罗见到了真正的荒野，深为原始林区雄浑荒芜的气势所震撼，他写道："这里的自然是某种美丽却野蛮、令人生畏的东西。我惊异地看着我所站的地面，想看出造化之力在那里的杰作，它的作品的形式、款式和质料。这就是我们所听说的大地，是从混沌和古夜中造出来的。它不是任何人的花园，是一个未经人手的地球。它不是草坪、牧场和草地，也不是林地、草原、耕地和荒地。……它是广袤的、骇人的物质，不是我们所听说的人的地球母亲，不是人的涉足或葬身之处……而是必然性和命运的家园。"关于这种震撼对于梭罗思想发展的意义，传统的观点认为它使梭罗开始把荒野视为邪恶产生之地,转而欣赏更舒适的浪漫主义的自然,强调荒野和文明之间的平衡,但也有人认为它标志着梭罗对荒野的兴趣的觉醒。生态哲学家马克斯·奥尔施莱格认为这次经历使梭罗认识到人类对自然的绝对依赖,有助于使梭罗摆脱爱默生的人类中心论,从而对自然采取一种生态中心论的立场。

19世纪50年代后,梭罗的思想和研究重点明显地从家庭经济、民权政治、文学批评和历史编纂学等诸多领域转移到了自然研究上。这一阶段,梭罗对自然的研究也更趋近科学的态度和方法,并在去世之前发表了《林木的演替》(1860)和《种子的传播》(1860—1861)这两篇奠定其在生态学史上地位的论文。前一篇论文讨论不同树种在同一片森林中的交替生长,辨明种子向新的地点传播的方式,证明自然是一个由现象和过程构成的网络。后一篇论文是对前一篇的扩充,讨论动物和其他因素在传播种子方面的作用,阐明自然是一个复杂的自我维持的体系,其中"每一个消费者被迫同时又是一个施与者和种植者",并敦促人们运用这些知识去管理森林和林场。梭罗在森林更替以及湖沼学方面的成果至今仍为科学界所引用。据统计,从1950年到1983年,梭罗平均每年的SCI引用次数为4次,而当代一般科学家平均每年被引用8.2次。因此,称梭罗为生态学之前的生态学家,并非过誉。

当梭罗沉浸在自然研究中时,整个国家正在经历一场危机,而危机的根源就是奴隶制。当时的社会废奴运动高涨,作为废奴运动坚定的支持者,梭罗在致力于自然研究的同时,也意识到了自己身上反对奴隶制的道德责任。当他得知安东尼·伯恩斯事件后,义愤填膺。他这样写道:谁能在这样一个国家获得平静?在这里无论是统治者还是被统治者都没有原则。一想到国家,他就无法散步,他的想法都是对政府的谋杀,在无意识中策划谋反。梭罗承认他不能不去想政治危机,也承认他所追求的自然生活无法达到不问世事的程度,而且自然也不是逃脱道义责任和社会责任的一种方式。他的政论性文章体现了他缜密的思维,具有极强的感染力,《论公民的不服从》是其代表作品。这篇文章使梭罗成为时代最有影响力的政治思想家之一。

然而,梭罗并不是为了个人或者某个特定组织的权力而参与政治。他认为最好让政治自己管好自己。当政治冲突上升为道德挑战时,梭罗才觉得有必要制止。当政府的不公正要求你对他人不公正,即违反法律时,那就用你自己的生命阻止机器的运转。在后来的日记和自然研究作品中,梭罗一再强调自然生活必须是一种有原则的生活,自然不是逃避道德责任的避难所。

梭罗后期的课题研究集中在更广泛的时间循环。他的日记反映出他越来越沉迷于季节变化的现象和规律,以及这些变化所反映出的自然的稳定性。梭罗详细研究植物再生的模式和机制,特别关注果实和种子的生成。他以自己的方式理解自然的发展,这一观点与达尔文不谋而合。他后来的研究课题似乎都是为了一个宏伟的计划,就是为康科德所有的自然现象编写一个全面的综合的时间表。就算他没有过早离去,这个计划也很可能无法实现,但是对于这个计划的追求还是有成果的。梭罗临终时给我们留下了许多研究成果,比如《散步》《无原则的生活》《野苹果》《秋色》,这些文章注定会在美国文学中大放异彩。他未完成的研究课题《野果》和《种子的传播》向人们揭示了大自然的细节,表明了对自然循环规律的认识,是对人类想象力的挑战。这些循环告诉我们谦虚是认识自然、与自然和谐共处的关键。

目　录

第一章　自我发展

第一节　超验主义的影响

18世纪末,浪漫主义思潮在欧洲兴起,席卷英、法、德等国。法国大革命时期,卢梭在其《社会契约论》里开宗明义地大胆宣称人生来是自由的,强调人们应向大自然学习,因为它能改善人的性情,所以人类应回归自然。英国浪漫主义代表华兹华斯和柯勒律治等湖畔派诗人及历史学家卡莱尔反对理性至上,崇尚感性和直觉,提倡热爱大自然,重建已被工业社会破坏的传统美德,试图找回失去的精神家园。自然被其看作具有上帝恩典与非凡灵性的结合体,包含着宇宙精神,体现着永恒的真理。以爱默生、梭罗为代表的美国新英格兰地区思想界和文学界深受欧洲浪漫主义思潮的影响。爱默生曾作文论述道:这里的自然正如华兹华斯眼中的自然一样,有着安慰一个人感情和振作一个人灵魂的作用。他充分认识到自然对人的精神慰藉作用和有益影响,因自然孕育了万物,也充满了人性。而与浮躁、功利的现代社会相比,自然中万物的和谐与稳定又表现出令人敬仰的理性。这种理性可以净化人的灵魂,给人类带来安慰和宁静。梭罗则更加重视自然之中的精神底蕴和精神价值。在梭罗眼中,自然界并非只是具有经济价值的开发对象和取之不竭的资源库。他倡导要从美的角度,用全新的、浪漫主义的眼光去看待无垠的自然,撇开其实用价值,捕捉其灵性,发掘其中的精神意义。人类社会只有通过自然与超灵进行沟通和交流,远离现代化工具的诱惑,亲近自然,感受自然,才能达到个人精神与宇宙精神的统一,获得最高的精神体验。

"超验"一词最早为德国哲学家康德提出,指一种存在于经验之外的质素,不能在思想范围内认识,不能通过观察或反射获得。这类思想和形式,不是来自经验,而是心灵本身的直觉,人们通过它获得经验,这种形式被称为"超验的形式",用以指人类知识中非经验的因素。康德唯心主义的主要思想是将上帝世俗化。人的灵魂可以与上帝直接交流而无须借助任何教会或神职人员等中介组织;个人是自身行为的最有力保证者;人与自然相互养育,彼此映衬。康德认为"超验的知识"只限于人脑先天有的形式和范畴的认知上,而爱默生把超验知识的概念扩大到了道德和真理的认知的范围中。他在吸取康德先验论的思想后提出了自己的看法:超验主义主要是看待事物的一种新方式——它不是建立在人的感觉基础之上,而是"超验地"存在于人的思想或意识里。他坚信宇宙间存在着一种超越于经验和科学之外的理想的精神实体,人可以通过直觉来把握。此外,康德的理论把人的尊严和价值提高到一种具有道德法则的地位,为判断是非提供了一项普遍原则,从而限制了欧洲中世纪以来宗教传统对人的一切专横待遇,因而成为受尊重的对象。爱默生充分继承了康德的这一思想,并以浪漫主义和理想主义方法把康德这一思想发扬光大,从普遍人和道德人的角度来构建其超验主义又一核心——个人主义。超验主义者摒弃了美国新教传统加尔文教派"以神为中心"的思想及美国新英格兰地区唯一神教严苛冷酷的理性,反对宗教权威、崇尚直觉、提倡人文精神、主张个性解放、强调个人价值,解开了新大陆长久以来欧洲神学和宗教教条的束缚,为美国精神文化上的独立打下了牢固的思想基础。

哈佛大学的4年是梭罗个人发展很重要的时期,这期间有两次重要的邂逅。这两次邂逅促成他对传统信仰和生活方式的怀疑,也有利于唤醒他对精神和社会革新的期待。精神和社会的革新正是超验主义思潮的核心。在这期间,爱默生作为精神生活复苏的代言人出现了。那时的爱默生辞去了波士顿教堂的工作,开始在各地巡回讲演。他的讲演覆盖面很广,涉及科学、文学、历史和宗教等话题,吸引了大批观众。1836 年,在梭罗毕业前一年,爱默生发表了《论自然》,文章把科学、唯心主义哲学和诗意化的感知交织在一起,号召进行个人和文化的改造。1837 年秋天,梭罗大学毕业并进行了短暂的教学尝试,但结果不尽如人意。后来他遇到了爱默生,听从爱默生的建议,开始写日记,写日记也从此成为他一生的事业。

梭罗的超验主义思想主要来自爱默生。他在 1837 年春天曾两次从哈佛图书馆借阅爱默生的演说集《论自然》,并且深为其观点所吸引。在爱默生搬到祖居之地康科德居住后,梭罗经常参加他家的超验主义者们的聚会和讨论。1841 年 4 月至 1843 年间,断断续续地住在爱默生的家里,兼做爱默生的助手和管家,深受其超验主义思想的熏染。

梭罗没有爱默生那样系统的哲学论述,他的自然思想主要体现在众多的自然作品和笔记中。他关于自然的基本思想是超验主义的,即认为自然之中渗透着一种宇宙精神,说:“最接近万物的乃是创造一切的一股力量。”亦即爱默生所谓的“超灵”。梭罗的自然观念还受到印度教和印第安人思想的影响。梭罗在爱默生家居住期间接触了印度教以及其他东方宗教的典籍。印度教认为万物都是梵天的一部分,精神世界和自然世界是不可分的,人类只要调整好自己的精神状态,就可以和精神世界沟通。印第安人的世界观是万物有灵论,他们认为自然中处处都存在神灵,因而对自然充满敬畏。梭罗一生对印第安思想颇为着迷,曾多次考察康科德地区印第安人的历史,几次缅因森林之游都请印第安人作向导,对印第安人和自然的关系很尊敬。这些因素都加强了他的超验主义思想,使得他断言:“我脚下所踩的大地并非死的、惰性的物质;它是一个身体,有着精神,是有机的,随着精神的影响而流动。”

和爱默生一样,梭罗相信自然还能增进人的道德,因为自然的简朴、纯洁和美是衡量人的道德自然的参照点,梭罗说:“湖是风景中最美、最有表情的姿容。它是大地的眼睛;望着它的人可以测出他自己的天性的深浅。"梭罗还把自然看成是医治道德罪恶的灵丹妙药,因为道德的恶是在社会中滋生出来的,所以需要自然来解毒,正如印第安人把中毒的羊埋在泥里,让自然或泥土把毒气从羊身上拔出来一样,"我们也应该时不时地挪动挪动,到田野和森林里远足,以晾晒我们的生命,饿死我们身上的罪恶"。

自然里还有诗人的灵感,是诗人想象力的来源。梭罗主张诗人要强迫风和溪流为己所用,代表自己说话,他要敲榨出字词的原始意思,从自然中提炼出词汇,把这些"根部还带着泥土"的词汇移植到他的篇章中。这样的词句是真切、清新和自然的,就像春天将近时的枝芽那样的舒展;这些词句即使躺在图书馆发霉的篇页之间,也仍然能够为忠实的读者开出自己的花,结出自己的果,并和周围的大自然相感应。因此梭罗敦促,"诗人不仅是为了力量,而且是为了美,也应该时不时地沿着伐木者的小路和印第安人的足迹旅行,在荒野的深处吮吸一些缪斯的新的、更滋养人的甘泉"。

最重要的是,在梭罗的思想里,人和自然的亲近乃是人类的必需,因为人接近自然,就是接近"那生命的不竭之源泉"。梭罗理解的人是一种整全的人,是肉体和精神都健康的人,这要求人有一种内心的生活,即一种灵性的生活。而在梭罗看来,只有在自然之中,人的灵性才能够得到更新和提高。

梭罗关于自然的基本思想无疑是超验主义的,因为他和爱默生一样,认为自然是宇宙精神的创造,自然和人的精神是相通的,他们都强调自然的精神意义的一面,强调自然能给人美的享受和道德的陶冶。但是梭罗的自然是实在的,具体的,它不只是(在精神上)服务于人的手段,还是自己存在的目的和理由。梭罗甚至说:"它们比起我们的生命来,不知美了多少,比起我们的性格来,不知透明了多少! 我们从不知道它们有什么瑕疵。"与其说自然是按照人的精神被造的,不如说人是按照自然的样子塑造的。在爱默生看来,完美的自然是和人的精神最相符的自然,而在梭罗看来,不如说最完美的人是最符合自然的人。

第二节　兼收并蓄的观点

对梭罗来讲，爱默生的支持和影响十分重要。但其实在遇到爱默生或读到爱默生作品之前，他就已经拥有超验主义所提倡的不断质疑的精神，早已成为一名超验主义者。1835 年 12 月，也就是大学毕业前一年，梭罗在伦敦进行了为期 6 周的教学，接受当地唯一神教牧师奥利斯特斯·布朗森的指导。他与布朗森的合作不仅让他接触到教学，还了解到一些新的观点，也就是后来的超验主义。布朗森是一位权威人物，精力充沛而且意志坚定。当梭罗遇到他时，他正在进行一项最具有创造性和影响力的工作。他摆脱了加尔文教派的束缚，接受宇宙神教理论，最终成为威廉·艾勒里·钱宁的追随者。钱宁是新英格兰唯一神教的主要倡导者，提出人性本善的观点。钱宁坚信，所有美德的根基都在于人的道德本质中，即在于他的良知或责任感中，在于依照良知来锻造他的秉性和生活的力量中。由此可见，唯一神教从根本上推翻了加尔文主义宿命论、原罪论以及上帝选民论，从本源上提高了人的地位，肯定了人的神性和自身价值，相信所有人都能感受到上帝的恩典，依靠自己的努力最终获得救赎并走向上帝。钱宁和其他一些具有自由主义思想的唯一神教者甚至进一步把人和上帝相提并论，认为人和上帝在本质上是一致的。他们相信，上帝崇高和庄严的思想也是人们精神本质的思想，这种纯洁、博大的思想是永恒的。这一点与超验主义者提出的人的神性相呼应。

1836 年，布朗森在《基督教观察家报》发表了一篇文章阐述"兼收并蓄"的哲学，而这家报纸是唯一神教的主要刊物。后来，他把"兼收并蓄"这一思想应用于美国宗教，并表达了对人类宗教和社会进步的希望。他认为历史的本质是发展进步。虽然他认识到了唯心主义哲学兴起的重要性，但他认为这不是哲学发展的终点,而是一个准备阶段。未来会是唯物主义和唯心主义这两个原理的统一,这样的综合体保留了每个体系的必要成分,又抑制了每个体系的极端成分,这样的体系近乎完美。布朗森称之为"19 世纪的哲学"。

布朗森想象中的即将到来的和谐时代预示了政界的变化,合作将最终取代竞争,人类的神圣,包括灵魂和肉体,也会得到肯定,人类的行为和习惯也将会改变。人民的自由普遍存在,劳动人民也可以是神职人员,劳动的神圣使他们受人尊敬。但是对于布朗森而言,救赎比这个人人平等的天堂更有价值。在救赎过程中,自然界本身也会发生变化,救赎就是物质和精神相融合的过程。

梭罗并不十分关注社会秩序的稳定,他对"自然界是神圣的"这一观点更感兴趣。他在华兹华斯和歌德的作品中也发现了类似的观点,同时在《论自然》一文中阐述了这个观点。在这些作品中,自然界变成了充满神示的地方,是和谐力量的来源。

布朗森所描述的自然界的变化将会是现有的一切的改变吗?我们是否能看清面前的一切? 布朗森的语言含混不清,有时让人觉得世界会被革新,有时又觉得发生改变的会是人类的感知和道德品格。但是他论述的逻辑指向感知的变化,这种变化会让个人把本来不完全了解的世界看清楚。布朗森认为救赎这一理念可以调和两大对立体系——唯心主义和唯物主义,告诉我们精神是真实的和神圣的,物质也是真实和神圣的,上帝是神圣的,人类也是神圣的。不能把这两大体系看作对立的理论或概念,而应把它们看作是更大的整体的一部分,使人们能够以一种不同的更加热情的方式来理解现实。精神和物质都得到了救赎,一方再也不用为另一方做出牺牲,两者作为宏大而和谐的整体的独立成分共存。

布朗森这种物质与精神共存的看法对于梭罗影响重大,他拒绝贬低物质的重要性,又承认精神的存在。在梭罗眼中,自然界是这两大体系的化身。梭罗后来的生活就遵循这一理念,这是一种事实和真理的结合。读者对梭罗有不同的看法,有人认为他是和爱默生一样的神秘主义者,还有人认为他是经验主义的野外观察者。这些看法来源于梭罗整合物质与精神的努力。

布朗森的救赎理论能够净化自然,爱默生呼吁的全新感知会让我们看到自然伊甸园般的纯洁,这两个人的观点对梭罗有极大的指导意义。但是很明显,梭罗的想法和这两个人不同。首先,梭罗通晓多国语言,喜爱古典文学和各国文化经典。和布朗森不同,他对基督教历史发展兴趣不大。其次,虽然爱默生强烈建议一种新的视角和想象,但梭罗的领悟更多扎根于平凡和真实的自然界事件中,他是一个确立了自己方向的思想家。

第三节　梭罗的自我修养

梭罗、爱默生和布朗森三人的一致追求是自我修养。早期唯一神教中提倡自我修养的人认为灵魂是一个不断发展的动态有机体,需要不断地培育。对于梭罗,自我修养意味着内心思想和自然秩序的和谐统一。

梭罗早期的日记反映了对内心发展的关注,但同时也暗示了他对自我修养的追求是和关于职业身份复杂的内心斗争联系在一起的。爱默生所说的那些思想激进的年轻人不愿从事传统的职业,在社会上找不到自己的位置。他们期待的是高尚的职业或合适的使命,但这些似乎无法实现。梭罗的职业危机非常严重,即使他具备很多技能。他对自我修养追求的热情使他很难在世界上找到一个合适的位置,一个合适的职业。

梭罗阅读的广泛性和多样性以及他和一些思想家、作家,如布朗森和爱默生的相遇,都是他自我修养过程中的重要影响因素。但对他来讲,书是用来消磨空闲时光的。无论他多么热衷于阅读,文学的吸引力有多么强大,他似乎在户外才充满活力。自然的体验对他来讲是决定性的,这种倾向随时间推移更加确定。

更确切地讲,梭罗的自然体验是一系列互不相关的经历,它们各自分离又各有特色。他的日记是观察和思考的成果,里面的内容多种多样,主要是对所观察到的事物做出反应,并主要按照观察的顺序排列。但是他在写日记时遇到一个难题,就是如何让自己成为他所看到的场景的一部分,如何完全进入他所观察到的世界。他的一个想法就是专注地研究自然现象,掌握它们的细节,了解自然的细节也是一种参与自然的形式。人类思维要变成自然的意识,就需要积累详细的事实。梭罗从一开始就明白他需要一种综合性的理论,以了解各种事实之间的关系。然而,这种理论很难获得。详细全面的知识并不是梭罗参与自然体验的唯一途径。有时候梭罗觉得这种途径也不是最好的。我们有时会发现梭罗并不试图用知识掌握自然界,而用一种屈服于自然的消极态度,在感官上寻求与自然的融合。在这样的时刻,直觉和本能比系统的知识更重要。真正的融合需要意识的消亡和完全的感官生活。

要想了解梭罗对于真实知识和本能体验的追求,日记是最好的切入点。从一开始,日记就是梭罗最重要的财富,记载了他努力构建一个独立的内心生活的过程。为了与自然模式相一致,他采取了谦虚和被动的态度。他发现懒散也是一种精神财富,尽情享受取代了对灵魂成长的关注。自然界是一个恩赐,生活在感官世界中就是接受恩赐的方式。

有些时候,梭罗在自己身上发现了软弱的迹象,于是便强迫自己要积极追求道德生活,因为自我修养是一个严格自律的过程,就像是严格的军训。爱默生后来这样评价梭罗,说他本质上有军人风范,从不屈服,有男子气概,很能干,很少表现出脆弱。道德生活是一种自律的、需要不断斗争的进步。一个人的生活应该在甜美却无声的音乐中缓慢庄严向前,即使在他的同伴看来,这种前进毫无规律而且极不协调,但他会越来越有活力。在不断前进的过程中,目标和决心是自我的特征。

梭罗明白许多更重要的人类行为和态度都来自意识或本能,

探索和界定自律及自我控制的局限对于 20 多岁的梭罗至关重要。他会感到担忧和沮丧，因为他无法坚持绝对的自制。一旦停止对生活的监控，他发现他的生活变得很凌乱。梭罗不能自拔，内心充满斗争，还自命清高，这种状态令人忧虑。他高贵的道德抱负似乎被青春期的自我中心和自卑掩盖了。他对自然过程的着迷总是伴随着对混乱的不安和恐惧。1842 年，他曾经提到他创作时最心烦的就是作品中的道德成分。他是一个真正的艺术家，生命是他的素材。凿子的每一次打击都会进入他的血肉和骨头，不会只在大理石表面发生摩擦。想象力、刻苦的技能、目标和自律成了生活方式，也成了艺术的方式。

梭罗一直强调自律，部分原因在于他在自己的消极状态中感觉到了危险。我们可能钦佩他的自律，但是他的直觉使他最终成了一个多产的自然主义作家、一位道德思想家、一个创新的艺术家。他把自我修养当作一次军事活动或者要描画的空白画布，一个需要目标和专注的工作，在这个工作中，意志力和自律很关键。但同时他也反驳不断努力进行自我修养的必要性，因为他意识到目标本身也有局限。他说在绝对放松的状态下才可能有思考行为的动力。使用本能的动物行为来描述难以捉摸的人类动机时，他意识到一些问题，就像他问一只鸟：在它筑巢和养大小鸟以后，它会做什么。梭罗明白完全理解或表达自我是不可能的，所以成长的过程必然是神秘的。从鸟类的筑巢行为到昼夜的交替模式，内心生活可被理解为更大的自然生活的一部分。

梭罗在展现自然的神秘的过程中，用了一种安静的、顺从的语言，因而没有了战斗的意志。他谈到自我修养的计划时，认为积极的、坚持不懈的追求有时是错误的。最安静的人往往会第一个达到目标，暗示了任何超越自我前状态的目标都是虚幻的。最好的策略不是努力一直向前，而是明白和接受自己现在所处的位置。他认为清静无为是实现目标的方式，只有顺从才能不再痛苦。

梭罗的清静无为促使他更认真审视内心生活和自然生活的

相似性,他的日记提供了一些明显的例子,说明对自然的感知能增强这种动态的消极。他觉得他必须被动接受他的生活,就像柳叶随小溪漂流。他用叶子来象征那种顺从的接受。这种像叶子一样顺从的愿望伴随着担忧,一种失去方向的担忧,这种担忧一直困扰着青年时代的梭罗。他觉得他的生活和生活的责任随时都掌握在上帝手中,他变得像一株植物或一块石头那样天真且无忧无虑。他希望自己没有意识,没有忧虑,说明他实际上是厌倦的。他厌倦了为自我发展寻求正确的道路,为自己无法实现目标而感到内疚。他消极的顺从表明了他潜在的不安和沮丧。

在叶子的消极状态中,在石头的无意识状态中,梭罗发现了超越自我的意象。他指出,自我发展的欲望是自然进程的障碍,所以不要追逐直线式的发展,而应该追求另一种自我发展的形式。曾经,他在缓慢流淌的湖面上漂流,几乎不再努力活着,而只是一种存在。这种漂流暗含着顺从,这种顺从对精神发展十分关键。"活着"和"存在"的区别是难以解释的,但十分重要。不拼命活着,放弃意志力和目标,开始享受"存在",享受一种更加广泛的存在。这些体验超越了直线式发展的时间和生命。把一切放下,去发现忘我的能力,接受自己在芸芸众生中的一个位置,这是精神修养中的关键一步。

这种融入自然环境的思想产生了一种思维表达习惯,并出现在早期的日记中。在梭罗所有作品中,思想表达的一大特征就是把自然和自然进程进行多样且多变自我的类比。自然是万物完美秩序的象征,对梭罗来讲,自然变成了表达自我抱负的最好的方式。一个漫游的灵魂,就像凹凸不平的山坡或牧场一样难以把握。这样的山坡,这样的牧场,都让人感到惊讶,都能展示出新的意想不到的东西。这种不断改变的可能赋予周围景色以生命。"树林的外观每天都在变,因为树木的生长,季节的变化和天气的影响,所以护林人的眼睛永远不会两次看到相同的景色"。内心生活也具有一样的动态,一个人的性格会显示更加多样的方面。值得一提的是,甚至在谈话的间歇,你的同伴都有可能获得启示和成长。梭罗努力从自然界的角度理解自己，塑造自己，并由此产生了十分新颖的自我表达。例如，当他描述感受到的快乐情绪时，他说这就像一棵树，长出花蕾，开出花朵，反射出绿色的光线。他的比较使树充满了生机，人类的快乐情绪如同花儿般绽放。

"我觉得在和自然进行最亲密交流时，离我生活的秘密也越来越近。"这种对自然影响的深刻认识对于他的自我修养十分关键，这种理解显得很庄严，像是一种宗教崇拜。然而，真实和健康存在于自然界中，这是在任何宗教中都难以寻觅到的。"其他人信仰宗教，而我热爱自然。"这是梭罗在日记中对于自我理解最直接的陈述之一，也是最有勇气的陈述之一。虽然传统文化坚持对宗教的崇拜，但梭罗在完全不同于传统宗教的形式中找到了最深刻的自我表达。这个热爱自然的梭罗不能被完全看作一个丛林中的怪人。在他的自然热情中，充斥着一种坚韧不拔的反抗态度，自己决心要找出一条独立的自我发展道路。他把自己人格的发展看作自然界中众多发展模式之一，他既有谦虚的服从，又有坚定的决心。在这些觉醒瞬间，他似乎看清了自己和自己在这个世界中的位置，而这些觉醒时刻往往是他在户外观察自然环境的时候。1842 年，在去瓦尔登湖畔暂住之前，他在日记中就描写并用理论说明湖面的状况。当看到流水不断磨蚀部分没入水中的松枝时，他发现了一种循环运动模式，这种模式是世间万物自然美的来源，从小小的松枝到所有星球。在探索万物的共同要素时，他努力观察特定物体和过程的细节。

梭罗用他的日记有成效地记录了一些时刻，这些时刻里特定的自然现象产生了涵盖一切的规律或模式，外部自然映射了内心生活。当梭罗沿河岸散步时，他又恢复了活力，沉睡的意识被唤醒。这种内心活动就像春天隐藏在地下的生命的复苏。自然和品性是相同的，受到同样力量的驱动，受到同样规律的影响。从自然界生命发展的角度来看待他内心思想的发展，梭罗能够平衡积极的性格塑造和被动的身份接受这两个方面。

自然给梭罗提供了重要的思维和写作类比，而从自然界过程角度来描述认知也开始影响他对自然本身的理解。他开始把自然环境看作一个庞大复杂的符号网,就像语言系统。自然环境的每一个元素,每一次相互作用和过程都是某种表达形式,也有可能是某种交流形式。1841 年 1 月,梭罗满怀希望追踪一只狐狸,穿过美港湖冰冻的湖面。他觉得好像是在追随心灵本身,而灵魂处在树林之中,他希望很快能抓到它。这些有点异想天开的措辞带有自嘲的语气,讽刺自己竟然为了这么小的一件事而如此兴奋激动,不过是一只狐狸在雪地留下的痕迹而已。在这表面的讽刺之下,他认识到这样的追踪既满足了身体的欲望,也实现了精神的抱负。一种发现的感觉,一种兴高采烈的感觉,这种感觉来自狐狸留下的痕迹,来自与新的未知事物的接触。

起初,梭罗似乎在询问是什么因素使狐狸留下了这样的痕迹,狐狸如何根据环境选择它的路线。这种探究就像如今的动物行为研究。从某种意义上说,他是在进行这样一个研究,但他的动机是一种感觉,他觉得追踪狐狸暗示了一种更重要的东西,是某种思想的波动。这里所说的思想与其说是狐狸的思想,不如说是范围更广的意识,既包括狐狸的意识也包括梭罗自己的,甚至还包括湖自身的意识。

梭罗把物质宇宙看作运行中的创造性思维,这种思维在自然事件和细节中得以表现。他知道自然在对他说话,爱默生所说的完美的创造秩序正在不断展现。当梭罗思考狐狸的思维模式时,他认为他的追踪很有意义,他追踪的不仅是狐狸,也是在追寻关于自然和存在秩序根本问题的最终答案。

梭罗对于宗教意义范围的全新扩展使世界充满了新鲜感,使人精神大振。这种来自经验的对自然的认识,把自然看作不断更新的经文,使梭罗明白他的求知欲不仅仅是为了狭隘的自我表达。他的日记,就像是狐狸留下的足迹,表达了比自我更广泛的东西。他的求知欲在扩展的世界认识中进行,他自己的阅读和推理演绎本身就是世界更大的运转活动的一部分。

狐狸留下的踪迹反映了梭罗在日记中的推测。他认为对自然界的观察和解释可以在自然中进行,不应远离自然。日记便成为梭罗参与自然的表达方式。他把日记比作一片叶子,悬挂在头顶上。他拉下嫩枝,把祈望写在叶子上,然后放开树枝。树枝又弹了起来,把他潦草的字迹向天空展示。他暗示了上帝是他日记的最终读者,并承认他的日记缺乏人类读者,把自我表达等同于树木和整个大自然的表达。在这个充满表达的自然界中,日记占有一席之地。日记的意义和价值必须从更广泛的角度来衡量。

　　对梭罗来讲,语言与自然之间的界限,思维与宇宙物质属性之间的界限模糊了,这一点给梭罗极大鼓励。他把自己的语言表达欲望看作自然能量总体的一部分。梭罗渴望有大量读者和获得文学成就,但又怀疑这种成功,同时又努力把自己塑造成为一个作家。他的努力和安全感的缺乏强调了动机远比公众的认可更重要。这促使他日复一日地写日记。这些动机中的一个重要方面就是他认为他的作品是自然能量流动中固有的、有成效的部分。1841 年,他说他能写一首诗,题目叫《康科德》。他会描述那里的河流、树木、湖泊、高山、田野、沼泽、牧场、街道大楼和村民,还会描写早晨、正午、傍晚,还有春、夏、秋、冬。他知道这首诗已经开始创作,并且会随时间流逝不停地写下去。

第二章　身份的困惑

第一节　教书生涯

　　爱默生通过自身的经历,通过与几位年轻朋友的亲密交往,认识到超验主义不仅是一场宗教和文学运动,还带来了身份危机。这种身份危机在很大程度上是一场职业危机,一种想要在社会上找到一个位置的欲望。这个位置能有益于社会,给个人满足感。1841年,爱默生发表了一个题目为《超验主义者》的演讲,对身份危机进行了最发人深省的论述。他认为这场危机是一场对话,一方是具有反叛精神却无方向感的理想主义的超验主义者,另一方是这个世界的常规。超验主义者为无所事事而痛苦,他们因为休息而生锈、毁灭,但他们又不喜欢世俗的工作。世界会这样回应他们:让我看看你们自己的工作吧!这时他们只好承认他们没有工作,也拒绝接受任何工作直到得到更高的召唤。在哈佛大学毕业后的几年里,梭罗专心等待着这个更高的召唤,当然同时也无法向世界展示他的工作。大学时形成的文学和学术抱负在毕业后不断发展,但这些抱负很模糊,除了日记,他没有其他的施展机会。

　　像大多数大学毕业生一样,梭罗也不得不选择几条路来进入成年生活。认清哪些路是对他敞开的,哪些是对他关闭的,并且认清如何选择那些可走的路,这是至关重要的。梭罗是个不切实际的人,在本质上他不会去建立密切的私人关系,或联系康科德同乡以便在家乡以外的地方赚钱,而他的写作才能恰恰可以对此弥补。

教书、写作、制作铅笔,这三个领域中的每一个都可能成为梭罗的职业。当然,教书和写作之间联系更为紧密,二者可以互相促进。那一年兄长约翰和梭罗本来打算一起去肯塔基州教书,但约翰在罗克斯伯里谋到了一个职位,计划便放弃了(那是一个波士顿远郊的农场区,后来成为中产阶级集中的郊区,而如今是个不断延伸的少数民族贫民区)。梭罗一边在缅因州找当教师的工作,一边在家里开办了一个小小的私立学校,最后,在爱默生的帮助下,这个小学校由梭罗的母校康科德专科学校接管过去了。1838 年的春天之前,梭罗一直是康科德学会的秘书和管理员(负责安排演讲活动),那年 4 月,他发表了自己的演说,题为《社会》。而且,那年专科学校的入学学生增加了不少,于是约翰也回到这里,两人一起教书。他们还一起到梅里马克河的源头做了一次航行,途经它的支流康科德河(梅里马克河源于新罕布什尔州的白山,是东北部工业发展的重要河流之一)。关于这次旅行及他们兄弟的"友谊",梭罗曾在《康科德河和梅里马克河上的一星期》(1849,以下简称《河上一周》)一书中回忆过,这本书主要是他在瓦尔登湖期间写成的。

从事教学以后,梭罗的职业抱负有了一定的具体形式。显然,教学的复杂经历对他很有益,促使他更坚定地进行写作,也突出了自由且无拘无束生活的重要。这种生活是诗人这一职业的首要条件。唯一神教牧师的大多数超验主义者并非都从事过教学工作,而先进的教学改革也是他们支持和提倡的。布朗森·奥尔科特就是教学改革方面的领袖,他的作品影响了玛格丽特·富勒和伊丽莎白·帕尔默·皮博迪,他们都致力于教学理论的研究。虽然布鲁克农场被看作一个农业公社,但这一群体把许多精力都投入到了开办的学校。自我完善这一概念虽然来自唯一神教,但是对于教育理论和教学方法的制订也有重要启示,为师生关系对话模式提供了理论依据。

在伦敦,梭罗为布朗森当助教期间就显示了他最初对教学的兴趣。布朗森在宗教和教育方面的先进观点以及他对梭罗的支持,使梭罗对教学的兴趣大增。1837 年,梭罗向布朗森求助,说他想在一个小的学校当老师或者在一个大的学校当助教,最好是能到一个绅士家里当家庭教师。他告诉布朗森说,他希望使教育成为一件令人愉快的事,同时也肯定了超验主义者所提倡的教学理论,即老师和学生应该保持同学关系,了解学生,和学生一起学习,这样才能对学生有帮助。他反对体罚。联系梭罗本人的经历,他曾经因为体罚的争论而辞职。

欧康纳在传记中这样描述了梭罗的经历:在他开始教学工作后不久,一位学校董事会成员迪肯·尼希米记·波尔来找他,责怪他没有把班级管理好。在波尔提出梭罗应该使用体罚来维持班级秩序后,梭罗随意点了几个学生的名字并用教鞭责打他们,随后便辞职了。对此,学者们在想梭罗这样做是什么用意?猜想他也许是想表明这样的惩罚没有意义,或者他的行为只是出于生气和沮丧。他辞职以后一直处于失业状态,曾写信给布朗森说明他想在绅士家中当一名家庭教师,表明他很想避开当时学校的政策和程序。

欧康纳对这一事件的再现让我们可以更好地理解梭罗,理解他想在教学中一展抱负的努力和对自己原则的坚持。欧康纳认为从一开始当老师,梭罗可能偶尔也使用过温和的体罚方式,如用教鞭打手心,这是那个时代学校的普遍做法。波尔要求梭罗采用更严厉的惩罚方式,比如用皮带抽。从一开始,梭罗就告知学校董事会说他反对严厉惩罚,作为对波尔意见的回应,他增加了用教鞭惩罚的频率,还有惩罚的力度,但他从不随意惩罚学生。在一段时间尝试之后,他发现无法继续这样的教学,有可能是因为他意识到了自己和波尔以及校董事会之间有不可调和的矛盾。他坚持上完一周之后就辞职了,并很快开始寻找另一份工作。在欧康的眼中,与其说梭罗是一个任性的、有点厌世的人,不如说是一个有理想的教师,坚定地为他的学生改善教育环境。

梭罗觉得应该培养学生的自我教育的动力,而不是强迫他们接受和个人抱负无关的大量知识。为达到这个目标,就必须有一个好的学习氛围。在此氛围中,学生会觉得自己和老师在共同学习、共同追求。多数学校在专制体制下,这样的氛围不可能存在,因为在这样的学校,一个教师的成功是以学生的服从程度来衡量的。

从学校辞职后,梭罗没有立即停止教学尝试,也许是因为他对这项工作仍然抱有希望,也有可能是因为他不满足于帮助父亲管理铅笔制造生意。从 1837 年到 1838 年,他一直寻找一份教学工作,但结果令人沮丧。他曾和哥哥约翰一起去西部的肯塔基州并进行为期两周的缅因乡村之旅,只为寻找一个空缺职位。最终在 1838 年夏天,梭罗在家中创办了自己的学校。在度过了开始的不稳定期后,学校渐渐发展了起来,约翰也很快加入其中,他们的合作是梭罗最获益的经历之一。就当时的时代而言,这个学校很有创新意识,用沃尔特·哈丁的话来说,"超越时代一个世纪",而且这个学校也获得了康科德地区人们的接受和支持。

梭罗一直致力于文学和教育,直到 1841 年 4 月专科学校关闭时才不再教书,而学校之所以关闭,部分原因是约翰生病造成的。糟糕的是,他和约翰居然同时爱上了一个女孩——来自马萨诸塞州斯基尤特的 17 岁少女艾伦·西华尔。1840 年,艾伦先后拒绝了他们兄弟二人的求婚。对他们来说,爱上同一个女孩且都被拒绝,是如此让人伤心却又如此幸运,因为一旦其中一个真的和他深爱的女孩结婚,那么另一个肯定活不成。而即使艾伦的拒绝封上了梭罗的婚姻之路,它也不妨碍梭罗与"文学"好友包括与爱默生的交往。专科学校关门之后,梭罗给爱默生当了两年管家(1841—1843),同时也在寻找一个更长久的工作(他曾琢磨着买一处农场)。之后他又在纽约的斯坦顿岛待了半年,给爱默生弟弟威廉的孩子们当家庭教师,同时寻求与纽约文学界的联系。在这个过程中,他遇到了纳撒尼尔·索菲娅·霍桑、贺拉斯·格里利、大亨利·詹姆斯等重要人物。1842 年 1 月,梭罗的哥哥约翰因为被剃刀划伤而感染了破伤风(急性肌肉麻痹症),不久便离开了人世。对梭罗来说,失去哥哥是他生命中最深痛的创伤。

在大学毕业后的四年里,梭罗不断培养自己的文学兴趣,虽然文学成果很少。对他来讲,最重要的知识和文学激励是与爱默生的友谊。爱默生把他当作朋友,认为他是一个有前途的年轻学者。在爱默生的鼓励下,梭罗在他家的图书馆里饱览群书。1841年学校停办后,梭罗接受邀请住到了爱默生家中。在这个家里,他既是学生,又会干各种杂活,同时还是这个家庭的亲密朋友。梭罗很清楚这是一个开始写作生涯的好机会,并马上开始了两项文学课题研究,一项是以季节变化为主题的一系列诗歌创作,另一项是早期英格兰和苏格兰诗歌选集。虽然这两项课题最终都放弃了,但有助于我们了解梭罗不断成熟的文学鉴赏力。他刚刚开始的追求被狠狠打断了,是因为约翰于1842年患破伤风去世。之后不久,爱默生5岁的儿子沃尔多也夭折。梭罗与这两人都有很深的感情,两人的离去给他极大打击。

对于约翰的死,梭罗一开始看上去很冷静,但事实上他在压抑自己的情感,慢慢地变得无精打采甚至抑郁。11天后,他也表现出了破伤风的症状。他并未感染这种疾病,这些症状都来自可怕的精神压力。他想要分担约翰生病的痛苦,却无能为力,只能看着哥哥死在自己的怀里。对于约翰生病期间的描述也突出了约翰的性格特征——面对死亡时十分无私而且冷静。在被告知他将不久于人世时,他问道:"没希望了吗?"医生说:"没有。"然后他又冷静地问:"神父给我的杯子我再也不能用它喝水了吗?"之后便与所有朋友告别。在辞别家人之后,他对梭罗说:"坐下来,给我讲讲自然和诗歌,我会是一个很好的听众,因为我不会去打断你。"约翰说出了兄弟俩的共同兴趣——自然和诗歌,作为最后对兄弟爱的表示。但在那个时刻,诗歌肯定显得很空洞,自然也是那么无情。

梭罗曾经大病一场,而且越来越严重,以致于医生和家人都担心他会死,甚至在他慢慢康复以后,他仍然一个月卧床不起。可以说,他经历了一次象征性的死亡,失去了曾经拥有的自我。从1841年春天到1842年冬天,梭罗生命的走向和情感的稳定受到极大冲击。失去学校,事业上他无所事事;渴望写作却没有令人满意的成就,完全依赖于爱默生的支持,最后他还永远失去了约翰这个最亲密的哥哥。

第二节　自然诗人

梭罗最大的愿望是当一个诗人,其次才是当一名教师。最初他的许多智慧都用于界定和阐明什么是诗人的生活。他认为,毫无疑问,书中最崇高的寓意是带有韵律的诗歌,既有形式又有实质。诗歌是所有国家的经典。爱默生对于诗人也有类似的观点,他把诗人看作理想化的人物,有预言家的想象力,有独立思维,有心灵的智慧。在《论自然》中,他赋予"俄耳浦斯般诗人"权威的声音,来预言新的觉醒的到来。但是这个俄耳浦斯般诗人的语言采用的是散文的形式。即使梭罗推崇诗歌表达的韵律,把自己看作一个诗人而不是散文作家或哲学家,但他和爱默生有相同的观点,即诗人代表着觉醒意识的呐喊,而不是具有特定文学技艺的人才。在梭罗看来,诗人是一种思想上的成就,是在践行一套价值观。

早在约翰去世前的那个夏天,梭罗就认真准备要写诗歌,也认真思考了诗人的作用和目的。停办学校给了他一心一意从事文学研究的自由,刺激了他的诗人身份意识和职业目标的发展。1840年,《日晷》杂志的发行激励了他的文学抱负,使他真实地看到了写作、编辑和发表的过程。1841年3月,他在日记中详细解释了发表在《日晷》上的一首诗——爱默生的《斯芬克斯》。几个月之后,他进入了极为多产的诗歌创作期,在此期间他创作了一组诗,共有六首,探索秋季和诗人充满创意的生活条件的关系。秋天来临时,他已经成了一个极富灵感的诗人,奋笔写诗。

在这些早期的诗歌中,梭罗开始表现出对自然的理解。自然能影响诗人的领悟力,而诗人相应的责任就是创造一个感知和语言的世界来反映自然能量不断变化的格局。梭罗在日记中这样写道:自然不是通过诗人表达观点,而是和诗人一起表达。诗人的角色就是在这项共同事业中通过诗文表达并再现自然的力量,诗人的思维是一个世界,自然的思维是一个世界,他是另一个自然——自然的兄弟。

在醉心于诗歌的同时,梭罗第一次接触到了印度哲学——孟奴教律,而且马上被吸引住了。他把自己研究观察自然的兴趣与难以触及的诗歌、精神灵感融合在一起。在《灵感》一诗中,梭罗展示了"新的大地、新的天空和新的海洋"。和布朗森观点相似,他认为物质和精神的合并会给世界带来新的构想,在这个构想中,万物都是神圣的。爱默生曾经说过,一个思想家可以用最神圣的激情点燃科学,然后上帝会重新进行创造。一面是不寻常的感知能力,而另一面是寻常的事件,这种矛盾在《灵感》一诗中已露端倪,而《叶子的飘落》一诗则更充分展现了这一点。叶子是自然界的核心,象征着自然界永恒的变化,也是季节变化最好的例证,预示着夏天的逝去和秋天的到来。这首诗所强调的是自然四季如何影响并反映内心生活。季节变化既是天气变化,又是情绪变化,外在世界的状况很难与内心世界分开。

《叶子的飘落》这首诗开头就表明,自然与思维之间存在一个令人困扰的不和谐,这是一个令人费解的认识,即自然不是直接通过诗人来表达自己。诗人厌倦了夏日的富足和它原始的、肤浅的展示,想要一个人走走,如果需要可以远离自然。这种对于夏天富足的不满来自一种肤浅的怀疑,而这种肤浅是和自然界夏日巅峰的完美有关。这样的关联让我们了解更真实、更复杂的自然能量的演变,这些能量不仅带来充足和美,也会在达到充足时逐渐瓦解。自然不能揭示或表达这种潜在的能量,但诗人在远离自然行走时,可以洞察到季节所掩盖的事实层面。思维会知道接下来发生什么事情,在充足完美中看到了尽头的阴影。秋天象征着成熟,当人在夏天想到秋天时,这就暗示着知识的发展。秋天也象征着死亡,象征着生存不可避免的局限。

虽然梭罗的诗歌语言生硬正式,韵律使用笨拙,但他的确捕捉到了季节变化、高超的感知和有限生命这三者之间的共鸣。他想象中预见了叶子出乎意料地早早坠落，认为这是自己情绪的暗示，也是自己命运的暗示。虽然诗的题目是《叶子的飘落》，但是一开始读者没有看到叶子真正飘落。它只是悬在那里，那金黄的颜色和周围的绿色形成鲜明对比，看起来像花一样美。它的飘落是在想象中，它的奇特、它的美标志着它的死亡。诗人意识到叶子的美来自对比，把叶子的美和叶子的坠落联系在一起，最终看到了叶子缓慢轻柔地飘下，躺在去年的落叶上。

随着太阳角度的拉长，树干周围影子的外环也在不断扩大，每根松针背后的光越来越暗，在土层下面，蟋蟀的叫声很压抑，它已经准备好了冬天的温床。这些意象表明秋天突然且忧郁地到来。意识到秋天来了，梭罗可以说他也成熟了，这种成熟既意味着成功，也意味着衰落。他对于叶子坠落的预见体现了自然进程，并将自然的进程用言语表达出来。

梭罗对于即将到来的秋天的预测不仅可以从理性上理解，也可以从情感上感知。他不仅是季节变化过程的观察者，还是一个参与者，从自身变化看到思维与自然的关系。第一缕秋天的风温柔地拂过桦树树梢，掠过橡树叶子，橡树叶子沙沙作响，在这缕微风消散之前，它将美妙的旋律送入耳中。秋天既是一个外部事件，又是内心事件，既是季节，又是一种心态。诗人不仅观察和感觉到了秋天的证据，还把自然浓缩在自己的思维和情感中，周围黄色变脆的叶子是他心情的颜色和质地。

梭罗诗歌灵感到来的季节是多产的季节，虽然并未写出他希望的作品，但他构建了一个想象的框架来弥补自然与诗人之间的间隙。《叶子的飘落》揭示了一个有想象力的思想家在努力找一个表达的手段。诗人的形象是梭罗的奋斗目标，因为诗人能进行充满灵感的表达，但是要把当诗人的抱负转变成押韵的诗歌则十分令人困扰。到了年底，他开始放松了在诗歌方面的努力，一方面是因为玛格丽特·富勒拒绝接收他向《日晷》杂志提交的作品，另一方面可能是因为他意识到诗歌中没有他施展才华的机会。

爱默生曾这样评价梭罗：他的诗有好有坏；无疑的，他缺乏一种抒情的能力与文字技巧，但是他在性灵的知觉上有诗的泉源。他是一个好的读者与批评家，他对于诗的判断是基本性的。任何作品中有没有诗的元素，是瞒不过他的；他渴望得到诗的元素，这使他不注意浮面的美，也许还藐视它。他会撇开许多细致的韵节，而在一本书里可以看出每一段或是每一行活的诗；他也善于在散文中找出同样的诗意的魅力。他太爱精神上的美，所以相形之下，对于一切实际上写出来的诗都没有多大敬意。他钦佩易斯契勒斯与萍达，但是，有一次，有人赞美他们，他却说易斯契勒斯与别的希腊诗人同样描写阿波罗与奥菲斯，从来没有一段真的诗，或者可以说没有好的诗。"他们不应当一味缠绵悱恻，连木石都被感动了；而应当向诸神唱出那样一首赞美诗，唱得他们脑子里旧的思想统统排斥出来，新的吸收进去。"他自己的诗章往往是粗陋有缺点的。金子还不是纯金，而是粗糙的，有许多渣滓。百里香与玛菊伦花还没有酿成蜜。但是，他如果缺少抒情的精美与技巧上的优点，没有诗人的气质，从不缺乏那启发诗歌的思想，这表示他的天才胜过他的才能。他知道幻想的价值，它能够提高人生，安慰人生；他喜欢将每一个思想都化为一种象征。所说的事实是没有价值的，只有它的印象有价值。因为这缘故，他的仪表是诗意的，永远惹起别人的好奇心，想要更进一层知道他心灵的秘密。他在许多事上都是有保留的，有些事物，在他自己看来依旧是神圣的，他不愿让俗眼看到，他会将他的经验罩上一层诗意的纱幕。凡是读到《华尔敦》这本书的人，都会记得他怎样用一种神话的格式记录他的失望——"我很久以前失去一条猎犬，一匹栗色的马与一只斑鸠，至今仍旧在找寻它们。我向许多游历的人说到它们，描写它们的足迹，怎样唤它们，它们就会应声而至。我遇见过一两个人曾经听到那猎犬的吠声，与马蹄声，甚至于曾经看到那斑鸠在云中消失；他们也急于要寻回它们，就像是他们自己失去的一样。"

梭罗的谜语是值得读的。有时候读者不懂他的词句，然而那词句仍旧是恰当的。他的真理这样丰富,犯不着去堆砌空洞的字句。他题为《同情》的一首诗显露禁欲主义的重重钢甲下的温情,及其激发理智的技巧。他古典式的诗《烟》使人想起西蒙尼地斯,而比西蒙尼地斯的任何一首诗都好。他的传记就在他的诗里。他惯常的思想使他所有的诗都成为赞美诗,颂扬一切原因的原因,颂扬将生命赋予他并且控制他的精神的圣灵——

> 我本来只有耳朵,现在却有了听觉;
> 以前只有眼睛,现在却有了视力;
> 我只活了若干年,而现在每一刹那都生活,
> 以前只知道学问,现在却能辨别真理。
> 尤其是在这宗教性的诗里——
> 其实现在就是我诞生的时辰,
> 也只有现在是我的壮年;
> 我绝不怀疑那默默无言的爱情,
> 那不是我的身价或我的贫乏所买得来,
> 我年轻它向我追求,老了它还向我追求,
> 它领导我,把我带到今天这夜间。

1841年秋天,也就是在他诗歌灵感高峰期的时候,梭罗开始一项与诗歌紧密相关的项目——编纂一部英语诗歌选集,主要收录最早的英格兰和苏格兰诗歌。梭罗渴望出版著作,爱默生给予他很多鼓励,而这却正好暗示了他对自己文学事业的错误评价,同时也表明爱默生对于他的支持好坏参半。很明显,是爱默生建议他编写诗歌选集,让他参与书的创作,借给他钱去进行研究,让他去哈佛图书馆收集资料。梭罗认真进行工作,写了四本摘录,而且断断续续地从事这个项目一直到1844年。之后,他才开始认真地写作《河上一周》。可以说,梭罗的文学抱负和对爱默生的感激促使他进行这个项目,但梭罗对诗歌创作很着迷,对于英语诗歌的起源及创作条件十分好奇,他在寻找鲜活的例子,并希望在古体诗歌中找到它们。古体诗歌原始朴素的特质更能给人以

灵感,给人以纯粹的目标。在 1841 年 8 月的日记中,他就表达了自己对于这种原始纯净的渴望,认为英语诗歌的平淡无奇无法表达一种野性,归根到底最好的诗人展示的是自然被驯化、文明的一面,他们从未看到过任何一座山的西面。梭罗努力想看到那个西面,那个未被文明驯化的世界。梭罗希望在这些古老的诗歌中找到野性的精神,另外他之所以对印度教经典着迷,也是出于这个原因。他认为孟奴教律是你我的教律,是从远古时代飘来的一缕芳香。遥远的古代有着和西部旷野同样的纯洁。

总的来说,对于在早期诗歌记录中找到的东西,梭罗觉得很失望,而且他对自己乏味的学术编纂工作也很失望。在哈佛图书馆开始工作以后,他发现当他浏览那些干燥布满灰尘的英语诗集时,想象中的那些新鲜美丽的作品也包含其中。他寻找新的典范和灵感的努力付诸东流,继而很失望,并且认为诗歌无法在学术氛围中呼吸。

梭罗研究的愿望表明他在寻找一种表达方式,能够体现高尚的情调和简单的风格,还有印度经典中具有权威性的简洁。在梭罗简短的诗句和粗糙不连贯的诗歌韵律中,我们明白了他在寻找一个原始且纯粹的文学形式。在 1843 年的演讲稿中,他提炼了一些关于诗歌本质和地位的思考,而后在《日晷》杂志上发表了相关文章,并且收录进了《河上一周》。他认为最高尚的书面智慧是有韵律的,而且诗歌是自然的果实。创作一首诗就像橡树结出橡子,像葫芦藤结出葫芦,非常自然。梭罗对有韵律的东西充满敬意的同时,还把诗歌的高贵应用到了话语和行为上。他对诗歌的理解超越了在诗歌创作方面有限的成就,呈现出了新的样貌。

第三节　自然学家

1842 年 1 月,梭罗创作诗歌的努力因为约翰的去世而中断,这个打击给他本来就很脆弱的职业和文学规划带来了极大危害,危及了刚刚建立的身份认知,大大动摇了他的情感稳定性,他被迫在智力上和情感上重新开始。

梭罗从悲伤中走出来经过了一个缓慢的过程,《河上一周》和《瓦尔登湖》的创作在某种意义上记录了这个恢复过程。1842年的一篇文章《马萨诸塞州自然史》为梭罗开辟了一条道路,这篇文章是第一部能真正显示他才能的作品。在作品中,他用美妙精确的语言突显了自然美景。爱默生又一次对他的计划表示支持,建议梭罗对麻省的动植物重新进行一次正式的勘察,而且保证这篇文章会发表在《日晷》杂志上。爱默生知道这篇真实并以经验为基础的报告会吸引梭罗,也很可能激发他对动植物研究的兴趣。这篇文章对动植物研究的专注的确为梭罗开辟了道路,让他尽情描写自然中的旅行,"自然"将会成为他最重要的文学题材。人们只能猜测,也许爱默生知道这个工作会给梭罗机会去陈述他对自然健康的信念,能让他勇敢面对所有的不如意,包括职业和友谊危机,最终建立他与自然的关系。

在朝这个新方向迈进的时候,梭罗主张人们只有在自然中才能找到健康。这个态度在约翰死后特别明显,接着他十分清楚而且肯定地颂扬了健康和活力。人们的脸会苍白无血色,除非他们的双脚站在自然当中。人类社会总是病态的,最好的社会也最病态。在人类社会中,既闻不到像松树那样有益健康的香味,也嗅不到高地牧场中鼠曲草发出的那样有渗透力、让人精力充沛的香气。人们可能会把这些话看作一个暗示,表明梭罗在约翰死后转而向自然寻求安慰,但人们无法忽视他对自然健康的肯定,这些表明他在慢慢地恢复,同时又试图掩盖一些他想努力摆脱的痛苦、恐惧和绝望。他认为,在病人眼中,自然是病态的;但对于健康的人,自然是健康的源泉。他相信自然的力量可以塑造人的灵魂。他在沉思自然的美,这样不会有危害也不会有失望。绝望、精神,或政治的专制,或奴役永远不会和自然的宁静相关。

梭罗坚信快乐是生活的前提,表明了他对自然的拥护。除此以外他还谈到了令人激动的、新生的、自发的能量以及自然的美,进一步肯定了他对自然健康和活力的敏锐观察。他看到年幼的鱼苗在池塘跳跃,无数的昆虫活跃在夏日的夜晚,雨蛙不停地歌唱,以及蝴蝶带来的意外和变化,这些变化幻化成了它翅膀上的千种色彩。小溪中的鱼顽强地在急流中结队前行,它们的鳞片被水流磨得越来越有光泽。在这些自然形象中,生物的生命和能量是真实的,但明显受限。昆虫是属于夏日夜晚的生物,蝴蝶把意外和变化展现在翅膀上,小鱼被水流磨得发亮。梭罗在欣赏自然美的同时,也意识到生命的脆弱。

梭罗也提倡一种孤立和简单的原则,这种原则在他的作品中不断呈现,和自然独有的谦逊联系在一起。人们在自然的幽深之处发现了美,肯定了生命的隐秘所在,是多么安静,多么淡泊名利。从这个意义上来讲,名利和抱负是生命的对立面,是无根且肤浅的东西,而英雄主义是一种内在的隐秘特质,是一种诚实正直的特质,这种特质若遵循传统的成功道路是无法获得的。自然学家的生活是获得诚实正直的一个方式。有人认为梭罗是作为一个经验主义者、一个事实的观察者和收集者到自然中寻求安慰的。他的前提是要了解好的东西。但是梭罗的"了解"指的是了解四季变化的所有方面,为此他投入了大量的精力,而且他认为一个人如果对于马萨诸塞的四季变化没有适当的关注,就无法列举和描述这个地方的动植物。一旦意识到变化的无处不在,观察者就能超越眼前的事实,注意到不断流动的自然能量,也会发现自然永恒变化的统一规律。

梭罗曾经在《瓦尔登湖》一书中讨论过一个自然现象,这个现象含蓄地揭示了一个统一的自然规律。他描述了发生在 1837 年 12 月的一场暴风雪,每棵树、每丛灌木都被覆盖了,小草从雪里探出头来,带着全身密实的冰叶,每一片叶子都和夏天的样子形成呼应。这场暴风雪在梭罗看来是对夏天的奇特模仿,令他印象深刻。这不是视觉的巧合,他认为这些冰叶和夏天的叶子是来自同样的创造过程,依照一样的规律。植物的汁液逐渐遍布整个叶子,而冰晶颗粒依照同样的规律排列成形。他拓展了歌德的叶子理论:叶子不仅仅是自然界基本单位。梭罗把这个理论扩展到了有机世界,甚至扩展到了无机世界。物质不同,但规律是一致的,不变的。

梭罗谦逊地观察自然界,当然也带有一定的目的。他不满足于只是观察事实,觉得事实背后存在着更广泛的规则。他曾经说过,人们不要低估事实的价值,因为有一天它会成为真理。他觉得自然学家和诗人类似,有一样的智慧,能看到深层的根源和目标。梭罗也曾认为动植物研究报告很肤浅,但是后来他意识到这些报告的潜在价值。这些报告有助于读者探究事实背后的原理。探究是真正使命,发现远比探究更容易。

第四节 漫游者

歌德在《意大利游记》中把叶子看作最基本的植物形态,他的观点给梭罗很大启示,并促使梭罗进行自然规律的探索。此外,歌德的作品提供给梭罗一个很重要的框架,就是通过描述自己的旅程,把外部观察与内心发现融合在一起。1837年梭罗在读这本书时,对书中物体的精确描述印象深刻。那些精确的观察是应该被高度重视的。歌德在对大量现象的观察中注重细节的选择,这是很有创造性的。一边是描述细致的观察,一边是深刻的思考,就像诗人充满想象力的领悟,构成了作品的神韵。梭罗对于这种作品的兴趣越来越浓,并且喜欢把浪漫的旅行当作一种文学形式,突出其隐含的哲学内涵,认为描写旅行的同时也是在描写整个宇宙。旅行使梭罗能注意到自然界的细节,还能根据经验进行富有想象力的推测,保持一种游走于事实和真理之间的姿态。

《漫步瓦楚赛特山》是梭罗的第一篇关于旅行的描述,记录了他在1842年夏天和理查德·富勒一起到瓦楚赛特山的远足。当时梭罗正在辅导理查德的功课,为上哈佛做准备。他们之间的友谊也有助于梭罗从失去约翰的痛苦中恢复过来。在对这次旅行的描述中,梭罗的语气明显很积极。这不仅仅是逃避乏味无聊的社会生活,也是一次与自然美景的亲密接触,带给他极大的启发。在叙述过程中,梭罗表明了对现代社会虚假需求的鄙视,拓展了他对于自然主义诗人的理解,把自己塑造成为那个时代的评论家。

在最初谈到他们的目的地时,梭罗想象那是一个不断靠近的模糊的轮廓,很遥远。就像在春天的早晨,和荷马一起坐在奥林匹斯山上,和维吉尔以及他的伙伴们在一起,在埃特鲁斯坎和塞萨利的山中漫游……和洪堡一起测量现代的安第斯山脉和特内里费山脉。在梭罗眼中,这次远足像是一次完成英雄使命的旅程,和古典文学中讲述的一样庄严,和现代科学成就一样宏伟。他提出,古典文学旨在说明现代和古代的体验是一样的。现代的自然主义者是神话和人类价值的新的创造者。在这次远足中,梭罗致力于和一种观念做斗争,这种观念认为现代处于一种衰弱状态。

梭罗对于令人激动的美景的描写突出了他对神话的期待和对英雄使命的追求。黎明之前,他和富勒进入了完全没有人类活动的自然界。他们穿过凉爽的树林,手里拿着粗粗的棍子,鸟儿用歌声为他们欢呼;他们走过空旷的田野,呼吸着野外清新的香气,尽情观赏、游览美丽的大自然。这次旅行开辟了进入自然界的入口,身体和感官在其中的体验是那么清新,如同进入伊甸园一般。这种万物复苏的感觉在黎明前的寂静中尤为明显,这时人类的活动几乎完全退却,世界恢复到原始状态。每条铁路、每个农舍若隐若现,每个声音都显示着宁静和纯洁。他们快乐地走在黑暗的小路上,享受着未被亵渎的美景。

清晨景色的感染力强化了梭罗对于古代世界和现代世界的对比。他不仅感到自己在探索自然中新的领域,而且也在逃避他所习惯的社会的束缚和疲累。他走进了新的风景,为它的清新感到激动,他也意识到这个风景是一个避难所,可以远离人类社会和经济的一般模式,因为这个模式已经被贪婪、竞争和对自然的无视所亵渎。他在橡树的树荫下休息,读着维吉尔的诗,享受美景。他把美景与古典诗歌当成他的庇护所。

虽然起初看上去很满足,但是维吉尔给梭罗充满想象的描述提出了一个潜在的问题,即维吉尔代表的世界还能进入吗?这次旅行的英雄使命是登上山顶,从山下到山顶只有4英里(1英里约等于1.6千米),路上的景色如画。梭罗想要传达的是登山过程中不断上升的期望值,即使瓦楚赛特山不高,但它和平原仍大不相同。当他们到达山顶时,感觉自己来到了遥远的东方。景色最初很模糊,但有一种新鲜感或者叫混乱感。在这里,天空像大地,大地像天空。这是一种视角的转变,带有极大的隐喻。梭罗开始以不同的角度看待自己的家园,曾经熟悉的景色现在变得有趣又混乱。一种由雾引发的视觉幻象使他把大地看作一个陌生又奇异的地方,是一片蓝色的太平洋岛屿。他开始以新的眼光看待这个世界。

在山顶度过的那晚,新的世界展现在梭罗面前,神在此处徘徊。这个地方是那么庄严、那么安静,和平原大不相同。第二天早晨,他看到太阳从海平面升起,照耀着马萨诸塞州;看到连续不断的小镇的环形轮廓,一个比一个高,像是葡萄园的梯田。他意识到自然有无法抗拒的强大力量,限定和控制了人类所有的行为。这种全面超凡的观察力脱离了在平原地带时的愚昧。

在登山过程中,梭罗暂时远离了社会,以一种自由的角度看待社会。当他经过玛丽·罗兰森被印第安人俘虏的地方时,那种出人意料的优雅景色使他大为吃惊。广袤平坦的草原点缀着榆树和忽布花以及大片大片的树丛,给人一种典雅的感觉。这种田园美景和这个地方的黑暗历史相冲突,梭罗感到吃惊,他无法把眼前的美景与过去的暴力事件联系在一起,无法想象这里与新英格兰的黑暗时代有任何联系。

梭罗在经过这片囚禁之地时,他对自己情感的质询发人深省。他肯定自然的力量远远大于历史,自然有能力抹掉或推翻过去。但同时,他也在沉思过去,回忆过去发生的暴力和悲剧。他提到新英格兰过去的灰暗历史,也就是承认历史带来的负担,即使他肯定美丽风景如伊甸园一般纯洁。当某个特定的自然处所变成历史记忆的载体,那么社会污浊和自然纯洁的这个简单的两分法就变得复杂。

梭罗从山中回来后,带着全新的力量和目标更勇敢更积极地投入他暂时忘却的社会。既然已经回到了平原的贫瘠生活,那就努力把山峰的壮丽引入这种生活中。可以说,这是梭罗的决心,他决定重新了解世界,远离社会反而产生一种全新的存在感和归属感。

第三章　自我恢复

第一节　心灵的慰藉

失去约翰的情感创伤使梭罗更加努力去明确自己的事业和人生道路。大概三年多的时间,也就是 1842 年到 1845 年,他的情感极其脆弱,逐渐地,他的心理平衡和自信慢慢恢复,某些方面已经非常独立,然而在经济上他仍然依赖于爱默生一家,也很享受这一家人给他的情感慰藉。梭罗对爱默生充满感激,认为爱默生一直以来的资助就像冬日暖阳,让他能在这阳光下无拘无束地生活。虽然爱默生的支持对梭罗很重要,但这也在不断提醒梭罗他还没能学会爱默生所提倡的自立。这段时光是梭罗的学习期,爱默生既是朋友又是他的老师。而同时梭罗清楚地认识到,和爱默生一家人在一起不能解决他生活和事业的难题。

爱默生对梭罗爱才如子,常常不等那位刚满 20 岁的毛头小伙子开口,便忍不住将扶持的手搭了过去。梭罗大学毕业,成绩本为平平,但爱默生认为此后生才华横溢,便写了信给哈佛的总裁(校长)昆西,极力推荐梭罗。昆西自然相信爱默生,梭罗也便有了 25 美元的奖学金(那时年薪 50 美元为正常收入,梭罗在瓦尔登湖造屋全部的费用为 28.125 美元,在瓦尔登湖一年种植玉米、土豆和萝卜等总收入为 23.44 美元)。大学毕业后的梭罗求职未果,便自办一所小型的私立小学,爱默生赶去看看,说不行,便说服梭罗的母校康科德专科学校接管了那所刚创办的小学,梭罗与他的哥哥约翰同时进入专科学校任教。

《日晷》是超验主义者的刊物,爱默生的女友玛格丽特·富勒曾当主编。梭罗一再向《日晷》投稿,虽然富勒也认识梭罗,但她认为梭罗的诗写得不好,不予发表,爱默生又接过来看看,经他的手一改一删,便顺利地通过了。另外,爱默生还经常配上一段按语:"我的亨利·梭罗将成为这个社交聚会的大诗人,并且总有一天会成为所有社交聚会的大诗人。"在爱默生的关照下,梭罗在总共 16 期的《日晷》上发表了诗歌、随笔与译文达 31 篇。1843 年,梭罗失恋,继而又失去哥哥,痛不欲生。爱默生为了让他摆脱抑郁的心情,介绍他到曼哈顿的哥哥威廉·爱默生家当家庭教师,并引荐其进入纽约的文学圈。可是梭罗对纽约没有好感,"这地方比我想象的还糟一千倍",于是在那儿只待了半年多,便悄然打道回府。爱默生对他没有半句责备,反而为其开脱,说"这种叛逆精神,多像他的兄弟"。至于爱默生在 1841 年至 1843 年、1847 年至 1848 年先后两次前往欧洲游学期间,将家园与家人都托付予他;作为超验主义领袖在思想观念上对梭罗的灌输与影响,包括允许使用瓦尔登湖的土地等,那就自不必说了。

约翰的去世一直困扰着梭罗,他转而到自然界中寻找理解和接受,希望找到秩序和连贯性,以面对突如其来的不稳定和失去。由此,梭罗对自然产生了强烈信仰。他的感情创伤在慢慢愈合,但这个过程不时被抑郁和自责打断。当他审视自己时,他说自己精神上不健康,像一片枯黄的叶子在树枝上瑟瑟发抖,非常枯燥,非常乏味。叶子是梭罗用来象征生命的比喻,现在用来呈现令人沮丧的自我,表现了一种极端的脆弱和忧郁。很明显,他的忧郁既和失去约翰有关,又和他自己的挫折感有关。他缺乏生活的目标和成就感,和爱默生的复杂关系也使他的情况进一步复杂化。他们的友谊是建立在相互喜爱的坚实的基础之上,也满足了两人的需要。爱默生在 1836 年失去了他最爱的弟弟查尔斯,梭罗在某种程度上填补了这个空白,而对梭罗来讲,爱默生是约翰死后重要的精神支柱。

两人联合起来致力于学术和文学的尝试,在此过程中,爱默生是梭罗的榜样、导师和资助者。在爱默生眼中,梭罗是一个有前途的年轻作家。这种职业上的联系是他们关系的关键因素,也是他们之间分歧和挫折的来源。两人性格都内向,在处理人际关系上都比较笨拙,所以他们共同的事业,特别是两人共同管理的杂志《日晷》,让他们有机会做自己喜欢的事情并且积极互动。梭罗虽然感激爱默生在文学事业上给予建议和关注,但他更需要情感的支持和开明的态度,这点爱默生无法给予,使他们的关系不是很稳固。梭罗觉得有时候爱默生令他失望,有时候他令爱默生失望。安全感的缺乏有时令他感到忧郁,就像一片瑟瑟发抖的枯叶。

这种忧郁和自我贬低很可能和他对改变的期待有关。这个改变他可能已经和爱默生讨论过或者将要讨论。1843 年 5 月,他去纽约当爱默生侄子的家庭教师。他和爱默生都认为这是开始文学事业的大好机会,可以接触发展迅速的纽约杂志、报纸和图书出版业。

当然,梭罗当家庭教师是爱默生一手安排的,这样有利于梭罗文学事业的发展,改善生活。霍桑曾这样评价说,梭罗这样一个坚定、不妥协的人更适合在野外偶然相遇,而不是作为一个永久的客人住在家里。梭罗和爱默生之间的友谊和相互支持毋庸置疑,但有一点很清楚,梭罗的生活计划是必须要改变的,他必然要离开爱默生一家。

为推动梭罗文学事业的发展,爱默生逐渐耗尽了力量。1842年,爱默生接管了《日晷》杂志的编辑工作,梭罗坚持不懈帮助他。这个杂志给梭罗提供了机会,让他了解到文学杂志的运作,有机会见到其他志趣相投的作家的作品。最重要的是,他有机会呈现自己的作品,赢得小部分读者的喜爱。但是到了 1843 年春天,爱默生意识到这个杂志撑不下去了,两人认为纽约才是一个不断发展的出版业中心。梭罗在那里有一个很重要的支持者——《纽约论坛报》的编辑霍勒斯·格里利。

梭罗和他的导师都希望他能在纽约以写作为生,但实际上这种希望太天真了,几乎没有一个作家敢指望这么做,特别是一个不知名的作家。梭罗文学尝试的失败并不能迫使他放弃自己的文学抱负,虽然他很怀疑文学市场的存在,但他仍不得不考虑修改作品,以迎合编辑和普通大众的需求。

梭罗对纽约文学界十分失望,而且在威廉·爱默生家中也感到不自在。1843年底,他搬回去和父母同住。25岁的他回到家中,这似乎代表了一种失败,但梭罗很高兴回家,决心为家里出份力。他开始努力参与家里的铅笔生意,努力完善产品,为改善家庭的经济状况打下基础。1844年秋天,他和父亲为全家人盖了一栋新房,表达了梭罗对家人的关爱和责任感,也证明他学会了很多实用技能。

在这些稍显不安定的岁月中,梭罗一直有个计划,他想写一部作品,回忆他和约翰在1839年的航船之旅。这个计划在他1842年到1844年的日记中缓慢执行,并逐渐成形。旅行的描述中穿插了大量相关的哲学思考。他的描写很流畅,在计划进行过程中,梭罗越来越接近他作家的目标,也越来越清楚这个作品对他的意义。他意识到自己需要长时间的专心的努力,要进行持续不断的学习。

1844年10月,爱默生在瓦尔登湖畔一边散步一边思考,偶然听见两个人在讨论如何卖掉湖边的一些土地。于是他购买了11英亩(1英亩约为4000平方米),第二天又买了三四英亩邻近的树林。他把这片土地看作一处僻静之所,并希望他的朋友能好好利用这片土地。当时梭罗已经回到家里,为家人的幸福努力工作,但他对自己的未来仍然感到不安。1844年夏天,他和艾勒里·钱宁一起进行了一次远足,一直走到伯克郡和卡茨基尔山。当时,梭罗很可能把自己的不安告诉了钱宁。1845年3月,身在纽约的钱宁给梭罗写了一封信,告诉梭罗应该去野外建造一个小屋,在那里进行自我的深刻剖析。除此以外,别无选择。于是,梭罗接受爱默生的邀请来到瓦尔登湖畔,用他刚刚学到的房屋建筑方面的技能建造了一个小屋。这个小屋成了他自我剖析的空间,也有助于完成他手头的创作,从此他开始了文学生涯中最重要的阶段。

《河上一周》因为其松散的结构而受到尖锐的批评。但对梭罗来讲,这种松散的结构是必要的,因为他在描写旅行的同时,还要回忆,进行哲学上的思考,对社会进行评价。这个手稿是他思想的汇总,主要反映的是瓦尔登湖之前的思想。

第二节　东西方文化对比

19世纪三四十年代,新英格兰接受了欧洲浪漫主义文学的倡导和主张,强调以人为中心,崇尚意愿,注重精神力量和个性,融合本民族的道德、宗教和哲学色彩,形成了具有典型新大陆特征的文学思潮:超验主义。梭罗所处的时代正是美国超验主义盛行的时代。超验主义的思想可以说是东西方文化思想交流的产物,它是受到了18世纪末的新教派——唯一神教派的启发并在反对它的基础上发展起来的。其哲学基础是新柏拉图主义和德国的唯心主义以及东方的神秘主义。梭罗深受超验主义思想的影响。美国学者克罗齐介绍梭罗时说,"梭罗的思想是在哈佛大学念书时开始明确定型的"。在哈佛求学期间,梭罗就从图书馆借阅了大量的关于西方哲学、宗教、文学、自然科学等书籍,同时也阅读了一些有关东方文化的法译本,因此他对希腊罗马的古文明、西方哲学和宗教有一定的了解,并对东方文化产生了兴趣。他后来在超验主义者主办的杂志《日晷》上多次发表摘自《四书》汉译本或源自佛经、《吠陀》《摩奴法典》等东方典籍的警句格言。塞托梅尔也指出梭罗在哈佛的阅读为其后来所形成的思想奠定了基础。

在《河上一周》的《星期一》一节中,梭罗叙述了他对东西方哲学特点的看法。梭罗认为东方哲学的特点是保守主义,这尤其体现在印度人的哲学中。《摩奴法典》指出,"古老的习俗就是超验的法则",因为在人们履行它之前是神的法则。东方哲学家们信奉的是这些法则的可循性和不变性。人们遵循这些法则时必须要修身养性和苦修善行，方能达到"梵我同一"的境界，获得一种精神解脱。这正是印度教的哲学基础——"梵我同一"说，即宇宙的最高精神的"梵"和个人精神的"我"是同一不二的。善恶有因果，灵魂有轮回，因此只有经过修炼才能认识到梵我同一并获得精神解脱。在梭罗看来，这种保守主义是很崇高的，它境界宽阔，永恒存在。这种保守主义是很聪明的，也是行之有效的。梭罗借用一位法国翻译家的话来评论中国和印度的古老和持久以及其立法者的智慧时说，"毫无疑问，那里有一些统治世界的永恒法律的遗迹"。

东方的圣哲们可以长年累月地静坐冥思"梵"的意义，完全沉浸在超凡脱俗的意境中，甚至更深更远的境界中。梭罗认为这种做法是无比聪明的，这是东方人以特有的静止形式与宇宙同在，而基督教的产生来自东方哲学的灵感。梭罗认为耶稣并不代表"梵"的存在，但他是"梵"在沉睡中苏醒后的一个新神化身，是耶稣将"梵"带到了人间，因此耶稣本身就是革新者和激进者的王子，他是这个世界大舞台上的一位神圣的演员。与东方哲学的保守主义相比，基督教是人道的、实际的，并且广义来讲是激进的。《新约》中没有智慧的沉思，有的只是充满着关于良知的告诫，毫无诗意。它所追求的是道德真理，没有沉思，只有忏悔。人们相信的是它的道德教条，信奉这些道德教条让人们以为他们能够到达另一种世界。因此《新约》以其纯粹的道德而闻名，而印度圣典中的佳作以其纯粹的理性智慧而闻名。梭罗称赞《薄伽梵歌》是人们能接触到的最神圣的经典之一，它能将读者带入一个崇高纯洁且不同寻常的思想天地。

梭罗认为东方哲学从容地探讨比现代哲学所渴望探讨的更崇高的主题，并将这些主题归入行动和沉思，甚至更偏于沉思，而西方哲学家还并未考虑到沉思的意义。他列举许多东方教义来证明婆罗门的精神约律及其具有的神奇力量。例如，"能做到行动中见沉思，沉思中见行动的人是最有智慧的人，他能担负起所有的责任","别做一个为报酬而想行动的人,也别让你的生命在怠惰中虚度"等。因此在梭罗看来,"与东方哲学家相比,可以说现代欧洲还未产生一名哲学家"。而与《薄伽梵歌》中博大深远的有关宇宙观的哲学相比,就是莎士比亚也显得幼稚而过于实际。

面对东西方哲学的差异,梭罗的态度是"我们可以容忍各种哲学、原子论者、神灵论者、无神论者、有神论者——柏拉图、亚里士多德、留基伯、毕达哥拉斯、左罗阿司托和孔子。是这些人的哲学观,而非他们之间的交流吸引了我们。他们及他们的评论者间有着没完没了的争执。而如果只是去比较他们的差异,就大错特错了。他们的哲学都能将我们带入一个圣洁的天堂……任何发自内心的思想都是不可抵挡的……在他们那些晦涩的理论中隐含着一个至高的真理"。所以梭罗以为最值得一做的,是"将中国、印度、波斯、希伯来以及其他一些民族的圣典经文汇集在一起,印成整个人类的圣典",这样的结合和比较将有利于开阔人们的精神世界,这样印成的圣经或经典之经典可以由传教士们带到世界的各个角落。

梭罗形象而简明地说明了东方的静和西方的动。而他对这一动一静的态度也源于他对不同哲学的态度。他引用印度教中的故事阐明了他对民族差异的看法:"我的惊异很大,在惊异之时却也不断地感到喜悦……"由此可见,梭罗对于不同的民族特性并没有进行优劣的区分,而是主张动静共存,相得益彰。

梭罗在《星期天》一节中谈到了不同神话间的联系。在谈及古代神话时,他观察到一个有趣的现象:相距最远的国度、相隔最远的世代对古代神话寓言有着共同的完善和补充。很明显他们都欣赏其中的美感和真理。神话一开始就是由后代子孙渐渐地给其补充新的内容,以这种累积的形式发展起来的。"这一代人的童话故事就是远古时代的童话故事。它们从东流传到西,又从西流传到东,有时扩展为吟游诗人的神圣故事,有时又被缩小为一首民谣"。因此梭罗认为,在某种程度上神话是最古老的历史和传记,它包含了永恒而基本的真理,是人们辛苦寻找的共同语言。后代热衷对古代神话进行复述，并对其添枝加叶。这正是人类共性的最有力证明。梭罗在此充分意识到神话的文化意义，而神话的传播正代表了跨文化的交流是基于人类的共性之上的。

梭罗的跨文化比较思想是很有见地的，而且具有现代性。他从哲学、民族性、神话来考察不同文化间的异同，抓住了精神文化的本质问题。哲学本身也是一个覆盖面很大的概念，而作为一种观念，它应是整体意义上的文化观念。梭罗认为，东方文化的特点是保守主义，这种保守主义与东方宗教密切相关。宗教是人关于自己与外部世界的区分意识，人认为自己必须服从外在于自己的某种神秘的人格化了的力量。宗教作为一种文化意识，表现着人同自然、同自己的社会组织形态的关系阐述，它是人们心灵的精神运动。梭罗通过耶稣与"梵"的关系阐述，揭示了东西方宗教的共同点——道德感和崇高感，也体现了它们的相异性："梵"是超验的存在，基督教是实际的道德教条。他还认为，"梵"比耶稣更加博大深远。这就是梭罗超验主义思想的宗教渊源。克恩指出："尽管超验主义给人的印象是从印度教教义与德国哲学中选择出来的思想，但梭罗从爱默生那里得来的超验主义是以美国的宗教为基础的。"超验主义思想取代了《圣经》中的一些传统教条，反对让既定的教会教条阻挡自己与上帝的直接交流。他们相信人是具有超验的直觉的。作为超验主义者的梭罗意识到，基督教过于强调道德是非、过于看重来世，这阻碍了人与上帝的直接交流。站在西方文化的立场上，梭罗已意识到了本土文化的不足。当他忧虑于新英格兰出现的矛盾冲突，忧虑于人与自然和上帝的关系时，他适时地在东方文化中汲取到了灵感，寻找到了超验主义的境界；他大胆地进行瓦尔登湖畔的实践，以此来实现他与"梵"的交流，表达他对时代的不满和反思。梭罗对基督教的教条进行质疑，而欣赏东方文化中给人灵感的思想，并将之与德国唯心主义哲学家康德有关超验直觉的理论结合起来，试图寻找一条出路。

各民族的哲学也体现出民族的差异。在梭罗眼中，东西方民族的巨大差异体现在一静一动上。西方人缺乏东方人的静，而东方人的静中缺乏西方人的实际,因而优势互补才是最好的。在这里,梭罗的观点正说明了文化发展的生态平衡规律。生态平衡本是生态学的术语,指的是在生物与环境相互作用过程中所出现的协调状态。运用于文化中,指的是世界文化就是由各民族文化构成的有机体。经过长时间的交流后,各民族文化与其他文化之间就能达到一种平衡,整个世界文化也就达到一种协调的状态,不同文化就更能相互理解。并且在这种平衡状态下,各种民族文化又不断进行新陈代谢,共同促进世界文化的发展。文化的生态平衡也说明了各种文化都有其自身的优势和缺陷,而文化的影响和渗透应该是相互的。梭罗在对神话传播的研究中发现,不同文化在交流中是根据各自的文化需求对他者文化进行吸收改造,将其融入自身的文化之中,使自身文化在汲取了新鲜营养之后得到发展。

在梭罗的跨文化比较思想中,可贵的是他对于不同文化之间的异同采取的态度。作为一个 19 世纪的西方人,梭罗并没有沙文主义或民族中心主义,他采取的是一种文化相对主义:对各种哲学流派进行包容,兼容并蓄;对文化间的差异采取优势互补的态度。梭罗的这一思想很有现代性,与哈贝马斯的理论不谋而合:用一种全新的、非我的眼光来审视自己,对自己进行批判,重建自我,促进发展。梭罗及其超验主义同僚正是在反思美国文化的过程中,通过汲取不同文化的精华来寻求灵感,试图找到一条适合美国精神文化的发展之路。超验主义思想不仅在美国产生了影响,在全世界也有很大反响。

梭罗思想中的文化相对主义虽不是一个新的话题,但对当代文化仍具有积极意义。当今文化的发展趋势是全球化和多元化。如何对待本土文化和异域文化,是每一个现代人所面临的问题。义化相对主义在现代被赋予了新的内容:任何文化都是相对于另一种文化存在的,且任何文化都有其自身的优缺点。这一新的内容使文化研究的接口从所谓的西方中心扩展到边缘的东方。东方文化的魅力逐渐被西方所认可,而西方文化中的精华也为东方的发展贡献了力量。因此西方文化和东方文化并不能相互吞没对方,只能是通过不断的沟通互补,共同发展。这样才符合文化的生态平衡,整个世界文化才能真正地达到多元化。

第三节　生活的方向

梭罗关于宗教灵感和权威形式的思考,关于政治和冥想生活对立需求的思考,最终到达了一个戏剧性,又令人困惑的终点。在一次攀登萨德尔巴克山的远足中,他将登上山峰的七到八英里的路看作一条朝圣的道路,会一直通向天门。像一个真正的朝圣者,他走了一条僻静的小路,完全相信自己和自然界,由此他全面了解世界的能力得以开发。他在山顶度过了寒冷的一晚,用附近的木板围住自己取暖,就像一具尸体,之后又复活。早上醒来后,他登上天文台塔顶迎接黎明的到来。当光线变强时,他发现周围是雾的海洋,这片雾海恰好只到达塔底,把大地的残留部分都挡住了。这时梭罗觉得他在这世界仅存的一块土地上漂流,在云雾的国度,在木板上漂流。这种情形无须想象力也使人印象深刻。在这种超凡的气氛中,他孤身一人,与世界没有任何联系,一时之间他艰苦的登山活动得到了回报,让他有机会进入他将来生活的新的坚实的大地。他把云雾形成的超凡世界与纯洁联系在一起,发现在这些巨大的雪白的牧场中没有污点,这是在梦中才能见到的景色,充满天堂般的快乐。梭罗明白这些体验是暂时的,当云最终包围了他,他又回到了地面。当他从山上下来时,认识到想要登上天堂,必须继续探索大地。

登上萨德尔巴克山看似一个给人启迪的寓言故事,其中朝圣者的努力没有白费,他获得了启迪。这样的经历充满灵感,十分美好。但是梭罗把这件事插入河上旅行的描写中,令人费解。登上萨德尔巴克山其实是一次完全不同的旅行,发生在1844年,而河上之旅发生在1839年。梭罗安排这段经历是有其意义的。在

《河上一周》的草稿中,梭罗只是简单描述了山顶非凡的景色,并没有提及他攀登的过程或者他一晚的无眠,而且也没有提及登顶后获得的强大的启迪。这表明这次远足的描述是刻意插入河上之旅的。在描述远足后,进入了下一个章节。

《星期三》这一章节不再关注自然中的精神追求,而是一些更现实的问题,如哀伤、生存、罪恶、友谊等问题。登山经历获得的启迪逐渐被削弱,那种在云雾中脱离尘世的感觉和越来越世俗的梭罗形成了矛盾,在河上或在岸边的梭罗显得更加自在。

随着河上之旅的继续,梭罗似乎沉浸在对梅里马克河细节的描述中。他从萨德尔巴克山下来,再次进入流动着的生命之河,这时的经历与在山顶时的超凡脱俗迥然不同。登山似乎预示着重新开始,梭罗再次进入了一个新的文学世界。当他逆流而上时,这个世界不断展现在他面前。不过,无论云彩之国多么奇异、多么令人惊叹,那都只是暂时的,最终他还是习惯于认真详细地观察真实的大地,亲自检验河流和周围的景色。

有关登山经历的描述似乎是他整个旅行描述的断开点,但这个时刻凸显了自然界的重要意义。事实上,那些最有趣味的描写景色的散文,如同使河流环境独一无二的雾和潮气、不断给河流以补充的泉水。他们沿途经过了戈夫斯敦山、大瀑布,最终到达普拉姆岛。在这些时刻,我们可以看到梭罗对世间万物的执迷。虽然他与大地经历了短时的隔绝,但那看似的隔绝实际上使他欣赏大地的方式得到更新。他得以再生,不是在超凡的天堂,而是在现实的大地。

这种对世界的崭新认识反映在对烤鸽子经历的幽默描述中:"这只鸽子在栖息处徘徊良久"。他对这只美丽的鸟的描述既有愧疚又有讽刺,是一种复杂的语气。"的确,拔掉它的羽毛,取出它的内脏,把它烤熟,似乎并不是这只鸟真正的用途。但两兄弟勇敢地坚持,等着进一步的消息"。梭罗并未省去准备就餐时的让人厌烦的细节,也没有沉浸在内疚和自我谴责中。"他们的坚持表明对世俗状况的接受,认识到生活在继续,在一些野蛮且可悲的条件下,生活反而会十分繁荣昌盛。对自然的尊重引起了人们对自然生物的同情,同样这种尊重也让两兄弟鼓起勇气继续他们的工作"。

在这样的论述中,梭罗的语气与他在山顶时的语气完全不同。河边营地的生活既不纯洁又没有益处,但他承认自己是世界的一部分,在世界中活动是生命的必需,在生与死的悲剧中寻找隐秘的纯真。

梭罗写《河上一周》的目的是充满想象地重温这段经历,这段经历与他和约翰之间的关系紧密相关。虽然约翰去世了,但是梭罗还活着,他们共同经历了这次河上之旅。梭罗需要复原和重现他们的经历,需要在世界中获得新的觉醒的条件下接受自己当前的生活。

梭罗不仅记得约翰,而且因为约翰而牢牢记住这段经历,但是在叙述中没有描写或表现约翰,他用一个人的声音代表两个人。很奇怪,这本书本来是纪念性的一个作品,但几乎没有关于这个被纪念的人的任何描述。梭罗把这段经历描述为"我们"的经历,把约翰的观点吸收到自己身上,或者从另外一个意义上来讲,通过自己的眼睛给约翰以新生。

梭罗努力让这次旅行产生更深远的道德认识,也更深入地投入全新的体验中。这种努力很清楚体现在他对周三晚上露营的描述中。露营是最精彩的自我思考的时刻之一,其中充满了一种矛盾的情感。这次经历被巧妙安排在叙述当中,在结构安排上很重要,把《周三》这章中关于友谊的论述和之后章节中稍显落寞的气氛联系在一起。

梭罗那晚的记忆说明那次旅行是一次休闲活动,他们从中感受到兴奋和自由,一扫管理学校和家庭生活的乏味。在这本书详细的描述和认真的哲学思考中,我们感受到轻松和友情。正因为这样,这次旅行才充满意义。兄弟俩在溪口把船拴牢,傍晚坐在河岸上吃着晚餐。西方天空中清澈的光落在东面的树上,倒映在水中,他们享受着傍晚的宁静。但是梭罗并没有最终停留在这个美丽的时刻,认为这个时刻是一系列不断展现的经历之一。他说宏伟壮丽分几个层次,最壮丽的景象只比他们所看到的稍高一些。当更壮丽的景象出现后,以前的景象会变得苍白,随即消失。他的这一看法和超验主义思想紧密相关,因为超验主义的一个基本原则是相信自我不断更新的创造力。因为约翰的去世,梭罗永远记得这个特别壮丽的时刻,而这个时刻永远逝去了。他认为这次体验是更伟大体验的前奏,这是一种希望,是从悲伤中恢复过来的关键。更壮丽的景象会出现,梭罗以此暗示他会最大限度地生活,这是他纪念约翰的最好方式。

梭罗把这个时刻转变成一个号召,号召人们要更专注地生活,要有自我导向的目标,让世界检验人们的想象力。当灵魂苏醒时,想象力变成一种动力,由此世界得以改造。全新的认识能力可以改变世界,这是超验主义最激进的主张之一,直接回应了爱默生在《论自然》中的预见,即精神的洪流会引发事物相应的变革。梭罗渴望得到肯定,他认为这样清醒的时刻是存在的。河边营地经历的回忆促成了他在瓦尔登湖畔新生活理论的形成。

约翰已经过世,梭罗感激自己的生命得以延续,但同时他也感到困惑,因为他对自己的生命几乎毫无控制力,正如约翰无法掌控自己的生死一样。梭罗歌颂生命永恒的同时也揭示了生命的脆弱。生命的持续与其说是一种成功,不如说是对世界万物的听天由命,认为生命的奇迹更像一个无法解释的负担。这种听天由命,暗示了对生命局限的认识,带有一种讽刺性的解放性质。

这种宿命论与全新的意识力量形成惊人的对比。他开始认真思考:生存本身就是一种延续,它有自己完全不同的控制力。当一个人被迫承认觉醒时刻的到来与意志力或选择无关时,生存与延续给予的控制力就成为最有趣的主题之一。梭罗认识到,他的生命不会等待任何人,当然也包括约翰,认识到他将带着复杂的情绪面对自己的生活,如内疚、痛苦、惊喜和快乐。河边露营时那种乐观自信的自由仍然存在,尽管他感到悲伤,但他的生命已经汇集了力量,已经确立了方向。他的生活会有自己的渠道,就像山中溪流沿着长长的山脉最终汇入大海。不仅他如此,世间万物皆是如此。

第四节　友谊的思考

爱默生这样评价友谊:朋友就是我可以与之坦诚相待的人。在朋友面前,我可以出声地思想。我终于到达这样一个人面前:他如此真实、平等,以至于我可以脱下最里层的防护衣:装假、礼貌、谨慎,这些人们从未脱去的东西。我可以直率、全身心地对待他,就像一个原子和另一个原子相遇。真诚是一件贵重之物,就像皇冠和权力,它只授予最高阶层的人。他们被准许说真话,如同这是他们最高的追求和服从。每个人独处的时候都是真诚的。一旦有另一个人走近,伪装就开始了。我们用恭维、闲谈、消遣,或者用事务来逃避或挡开同伴的接近。我们用一百层折叠来掩盖我们的思想。我认识一个人,他在一种宗教迷狂的情绪下,撕下了这幅帷幔,对每个他所遇到的人都略去所有的恭维和平常话,直接对他们的是非之心说话,并说得极其深刻而优美。最初,他遭到拒绝,所有人都认为他疯了。经过一段时间的坚持之后——因为实际上他不能不坚持,他与每一个他所认识的人都建立了真实的关系。没有人想在他面前说谎,也没有人想用任何集市中或者阅览室里的那种闲谈来疏远他。他们当然也会同他谈对大自然的爱、诗歌、真理的象征等。在这样的真诚面前,每个人都不得不采取类似的坦诚态度。但是对我们大多数人来说,我们看不到别人的脸和眼睛,看到的是人们的侧影和背面。在一个虚假的时代,为了与人们建立真实的关系而疯狂一下是值得的,不是吗?我们很少能直来直去。几乎每一个我们碰到的人都要求礼貌,要求别人的迎合;他有一些名声、一些才干、一些不容置疑关于宗教或慈善事业的兴致,这些往往弄糟了谈话。朋友应该是一个通情达理的人,他要求的不是我的聪明才智,而是我这个人。我的朋友给我款待,不附带任何相应约束。因此,朋友本质上是一种悖论。我孤独地存在,原本看不到任何我能够以相同的证据证明其存在的其他事物,现在却看到了在高贵、丰富和求知欲上与我相同的另一个人。所以,有充分的理由认为:朋友是大自然的一个杰作。

早在 19 世纪 30 年代初,梭罗在日记中就有过对友谊的探讨。不久之后,爱默生也写了关于友谊的文章。在约翰去世后,梭罗对这个主题更加关注,并最终成为《河上一周》中的重要组成部分。他希望以此纪念约翰——他最理想的朋友和同伴,把河上之旅当作凸显他们兄弟情谊的重要经历。

在约翰死后,爱默生取代了他,成为梭罗情感的中心。他们建立了深厚的友谊,但友谊有时令人困扰。他们彼此重视,努力建立理想友谊,但两人之间又存在着令人烦恼的障碍。爱默生努力把这种关系理论化,并写了"爱"和"友谊"两篇文章。其中,爱默生论述了友谊的可能性和局限,并且认为人们渴望的友谊只是梦想和谎言。这种冷淡的说法深深影响了梭罗。

对于友谊的关注,既是一个生存的现实,又是一个哲学范畴。爱默生和梭罗都在颂扬友谊的同时又在贬低友谊。他们把希望放在完美的友谊上,而这样的友谊极为罕见,也很难实现。他们认为,人类关系无限可能的理想化使得友谊实践起来更加艰难。他们对友谊的理解有一个共同点:友谊不以人的意志为转移,一个人在选择朋友上并不自由,是一种不由自主的、上天注定的吸引力把他引向朋友。爱默生认为,是伟大的上帝把朋友赐予了他,梭罗也认为友谊是命中注定或者是一种超出意志力范畴的力量。他把这种力量叫作类同,是一种自然力,它的进程不可抗拒。友谊发生在彼此喜爱的人之间,是非常自然且不可避免的。

超验主义者认为,深刻情感联系的希望不仅来自个人需要,还来自他们对传统中产阶级陈腐守旧生活的失望。他们社会变革计划的一部分就是创建一个世界,这个世界中有意义的关系会发展迅速。真正的友谊是狂热的或原始的,在本质上未开化而且自由,不受任何约束。友谊没有任何规则,而且任何宗教都没有关于此的教义,任何经典作品都没有关于友谊的格言。遵循内心对另一人的喜爱是深刻的自我发现和表达,这种行为是学习不来的。

友谊反映了一种力量,这种力量通过自我而发挥作用,但又不局限于自我,而在不同个体的融合中得以体现。爱默生和梭罗都认为,关系的巅峰不在于个性的表达和满足,而在于通过不同个体的结合,能够表达一些普遍性的东西。喜爱一个人是去爱某种力量,这种力量我们可以参与其中,并获得新的个性。梭罗认为,对另一个人的爱可以给我们带来自己无法实现的优秀能力,在我们爱的人身上,我们看到了这种能力的例证。爱会给人们一个更全面的理解,使人们更加自信,能够在道德上、精神上拓展自己。梭罗宣称丰富的人性给他生存的机会。面对约翰去世造成的种种疑虑,梭罗把友谊描述为打开生活的方式,让生活更丰富,更具有道德强度。他把友谊放在死亡的对立面,认为友谊可以通过一种神秘的力量,给生命带来意义和可能性。

爱默生认为友谊还取决于某种程度的差异和对立,需要在相似和不同之间进行折中。观点或行为的一致并非必要,有时甚至不可取。友谊与其说是渴望一致,不如说是寻求差异。朋友身上完全不同的特征能够激励我们更沉着、更冷静。快乐来自差异,通过他人的刺激自我获得更大的满足。这种友谊来自朋友之间长久的紧张状态,需要坦诚的交流和针锋相对的会面。与其做朋友的应声虫,不如做他的眼中钉。这种友谊最终的效果:即使友谊不存在,一个人也可以生存,这才是高层次的友谊。梭罗十分赞同这种关于友谊的看法,但这也使他内心复杂。建立在情感基础上的友谊泛滥,友谊被常规化,变得空洞。梭罗一反常规,采用爱默生苛刻的态度看待友谊,认为友谊必须真实且有价值,甚至他认为这种友谊不需要口头交流。他特意把对语言的依赖排除在外,想象朋友之间不言而喻的理解。对话是没有必要的,甚至会有负面作用。语言有可能不准确,会产生误解。于是梭罗设想了一种无须言语交流的朋友间的信任,这是一种超越语言的智慧,在其中由语言产生的个人之间的隔阂得以消除。友谊是一种神迹,需要不断检验,但最终确认的工具不是语言,而是无声的、但有说服力的行为。这种关系中的成员必须向其他人表现一种理想化的行为,以展示道德上的优秀,那将成为不断更新的爱的表白。

这种友谊规范似乎是一种奇怪的融合,把随意性和距离感融合在一起,既讨论了关系本身,也间接提到双方的需求。爱默生暗示接触是朋友之间所有麻烦的来源,这是一个哲学悖论。一个人越爱朋友,就越不应该想见他。越了解一个朋友,就越不应该和他说话。爱默生把对友谊的渴望转变为对独立的渴望,使对另一人的激情成为自我发展的动力。最终他认为这种独立是友谊必需的。

这些对友谊的论述是超验主义者哲学和伦理研究的一部分,是他们进行社会改革和教育发展努力的一部分。这些文章包含了相当具体的人际关系的暗示,把他们互动的日常体验转变为更广泛的理论原则。当然,梭罗读到爱默生关于友谊的论述时,他知道爱默生不仅在写他的生活和体验,也在写和自己之间的关系,并确定了友谊发展的目标和条件。梭罗对此做出了回应,他严格克制地践行友谊,甚至在有些方面超越了爱默生。

爱默生主张朋友分离,这使本来害羞、喜欢独处的梭罗感到轻松,不用再为社交细节和频繁或长时间的交谈而烦恼。这正符合他自己的性情,丝毫没有传统友谊的做作和肤浅。在《河上一周》中,梭罗表示他同意爱默生的说法,希望抛弃大部分关系中存在的琐碎和礼节。他向爱默生表明他作为朋友的价值。

他们两人的日记提供了一些线索,让读者了解梭罗和爱默生如何进行交流和互动。爱默生在 1841 年的一次对话中,坦率说出他对梭罗的期望。他认为梭罗的自由流于形式,没有揭示实质内容。他的希望给他们之间的友谊带来负担。他要求有新意,这会使梭罗有些焦虑,并感觉到自己的价值部分来自文学表现,取决于一种意愿,即不去和爱默生寻求一致,而是反驳或超越爱默生的假想。

随着关系的发展,压力越来越突出,梭罗的第一反应就是极端地拓展爱默生的观点。爱默生宣扬自然界的精神价值,梭罗就专注成为自然主义者;爱默生主张不遵循传统和自立,梭罗就拒绝从事普通的职业,到林中生活;爱默生肯定朴素且要求严格的友谊,梭罗就热烈回应,即使那时他所渴望的是爱默生的接受、支持和指导。

在《河上一周》中,梭罗对于友谊的论述最心酸的是他承认相互理解的沉默是友谊的关键,但也可能是友谊失败的原因。他的朋友在说出或做出一件好事时,总是期待着他表示感谢,但他总是没有表示,他的朋友难免会有抱怨。梭罗觉得表示感激减弱了善良的动机,玷污了人际关系。有一些事情,一个人从不说出来,也最好不要说出来。最高层次的交流只需保持沉默。这种沉默来自尊重和认可,强调朋友间共同的理解和价值观。友谊越深远,沉默越深沉。这是一种不应该被言语亵渎的神圣。

问题是这种不说出口的信息极易被误解,没有交谈可能导致不信任。虽然梭罗肯定沉默的神圣,但也认识到存在悲剧的可能。当沉默带来朋友间的脱轨时,关系从根本上被破坏。另外一个人爱你有什么用,如果他不理解你,这样的爱是个诅咒。他坚持认为友谊应当建立在相互感知的完全统一上,这也可能是最难实现的。

第五节 积极的生活

在讨论完友谊之后,梭罗开始归程,顺流而下。他开始讲述汉娜·达斯坦被监禁的经历。汉娜是一个早期移民,她被印第安人俘获,看着自己的孩子被杀死。同样的河流,同样的风景,他感觉自己身处在一个半世纪前那个充满激烈的斗争中,汉娜拼命逃离的地方,曾经洒满了堕落的人的鲜血,但未堕落的树林依旧保持着本质上的纯真。这场暴力事件的历史背景是一场土地所有权的战争,一个民族试图取代另一个民族。印第安人在这场战争中失去了他们的乐园,梭罗深感惋惜。

在梭罗讲述达斯坦经历的过程中,最发人深省的时刻之一就是他富有想象力地再现了当时的场景。逃亡中的达斯坦看不到春天的到来,听不到鸟儿的低声吟唱,她整日不笑也不说话。这些评论表明梭罗与达斯坦之间有距离,他和印第安人站在一起。印第安人感觉自己属于一个世界,而欧洲人感觉这个世界很陌生。河两岸的原始森林一直延伸到加拿大,对于白人,这是一片枯燥无味、寂寥的旷野,而对于印第安人,这是他们的家。

虽然他的体验看起来与达斯坦不同,但梭罗的文化无疑与自然相分离。河上之旅提供给他一个全新的视角,即弥尔顿所说的幸运的堕落。如果堕落存在,那伊甸园必然存在。河岸不断变化的色彩详细描述了堕落这一主题。当梭罗兄弟回归文明时,梭罗忧伤的情绪表明他对伊甸园的不舍,也很难放下与约翰的亲密关系。《河上一周》以一个祈使句结尾,使结尾充满活力。它表明了梭罗的决心,他必须把失落感转化为一种积极改变的动力,强调要积极投入有意义的生活。

梭罗希望成为一个自然主义者,希望改变自己的生活,参与研究自然历史进程。这个研究课题能肯定生活和改变生活。能够欣赏科学真理、赤裸且绝对的美的眼睛比那些被道德真理所吸引的眼睛更加稀有。在前者身上,几乎没人能察觉道德;在后者身上,也几乎没人看到科学。自然主义者是和谐统一的人物,他们把看似对立的知识探索模式融合在一起,满足了梭罗矛盾的内心需求。问题是如何去过这种生活?

他所渴望的自然研究不限于事实的积累,其目的是要寻求规律而不是事实,类似于诗人的融合意识或未被现代文明侵蚀的个人本能。感知规律的能力在世界上所有时代都很稀少,也很少依赖于观察到的事实数量。野性的感觉会提供足够的事实,使他成为一个哲学家。梭罗把真理与体验相结合,认为知识只有通过相关体验才能获得,如果只是听说,又怎能获得知识?

这是一种进行自然研究的呼吁,强调要认真地观察各种现象,并寻找潜在的模式和自然体系。在《河上一周》完成后的几年中,这样的工作对梭罗越来越重要。他一方面对科学方法论进行了不够严密的理论陈述,另一方面又努力寻找一条职业道路。《河上一周》的结尾为将来相互联系的环境、农业、文学、伦理的研究课题做好了准备,这些课题表明梭罗恢复或再现自然生活意义的决心。

《星期五》这一章成为庆祝自然生活的节日。梭罗离开伊甸园之后,下定决心要重新发现康科德——他周围的世界。他渴望过着藤蔓环绕、绿树成荫的自然生活,这是他的新信念,很好地说明了他在瓦尔登湖畔以及后来生活的抱负。梭罗展示的是世界上生存的完整景象,这样生存会实现人类最高的精神和道德抱负。自然生活以世俗的体验为目的,以全新的感官认识为标志。人类要想看到自然的美,不仅需要精神化,还需要自然化。自然化代表着人类触碰的净化和新生,这种触碰是人类与世界的根本联系。他祈望纯粹感官给予的天堂,一种完全感官的生活。他认为感官生活的复原和发展是自我开发的主要工作。他把听、说、看、嗅觉、味觉、触觉与神圣力量联系在一起,感官的恢复也意味着神性的恢复。耳朵不是用作惯常的琐碎用途,而是用来听天上的声音;眼睛不是用作低贱的用途,而是用来看隐藏的美丽。

梭罗要在这世上清醒地生活,去看、听和接触上帝。这是一种探索已知世界的努力,这是他想象中自然生活的核心。一些看似微小的事情如悦耳的音乐,像水果成熟的香味,带来精神的振奋,给人启迪。梭罗感觉自己住在另外一个纯净王国的边缘,香味和声音从那边飘来。正是感官,不是任何理性的计算,向他表明他处在伊甸园边缘,因此净化和完善感官是很必要的。人们生活在一个地方,却不真正了解它。对生活的地方进行真实自然的体验是梭罗提倡的一种新的更完善的生活方式。他认为,这个世界有许多环,就像土星,人们居住在最外面的环上,目标是向中心移动,向地心引力的源头移动。那样,人类将会获得重生。

第四章　融入自然

第一节　吞没自我

　　梭罗在完成和发表《河上一周》之前,很可能在瓦尔登湖畔过着一种自然生活,后来他又放弃了这样的生活,这样就使《河上一周》结尾中对自然生活的呼吁带有一定的讽刺色彩。在瓦尔登湖畔的两年,他认真思考,重现他与约翰的旅程。这样的工作一直持续到他离开湖边小屋,和莉迪亚·爱默生做伴。最终在1849年5月,他完成并出版了这本书。那时爱默生已经回到家,梭罗也回到自己的家人身边。《河上一周》虽是一本回忆录,也记录了梭罗19世纪40年代中后期的体验和想法。这个时期他才华横溢,情感复杂。在那段时间,他找到了自己的文学态度,写作并出版的作品有《河上一周》《论公民的不服从》《克特登与缅因森林》,还起草了《瓦尔登湖》的最初版本。这些年他开始慢慢脱离作家身份,进行其他的生活和工作安排。他能建设性地管理写作的需求,并把它们融入更大的生活模式。但这本书出版后的结果令人失望,《河上一周》不仅没有获得关注,还给他带来了一定经济负担,他和爱默生的关系也出现了问题。

　　爱默生给梭罗最好的礼物是让他利用瓦尔登湖畔的土地。在那里,他努力寻求自然生活。总的来讲,他在湖畔的两年是一个十分积极的成长阶段,在这个阶段,他开始拥有一定程度的独立性,慢慢成长为一个才华横溢的文学艺术家。1845年7月6日,梭罗来到湖边两天后,他在日记中表明了坚定的目标和生活实验的开始。他希望面对生活的事实,那些最重要的事实。他带着复杂的情绪——自信、焦虑、好奇,他明白出发去树林是一个重要的转折点,是一个重要的去发现自我、塑造自我的机会。他不确定实验的结果,但他明白想要了解生活是值得冒险的。

湖边实验是梭罗发展的一个重要阶段,但这不是他情感需要和职业斗争的最终答案,更不是他求知生活的终点。我们不仅要问他为什么去湖边,还要问他为什么离开。在《瓦尔登湖》的结尾部分,他说:"我离开树林和我进入树林一样,都有着充分的理由。也许在我看来我有好几种生活要过,无法为哪一种花费更多的时间。我们这么容易不知不觉陷入某条道路,为自己踏出一条旧辙,这真是令人惊奇。我住在那儿还不到一周,就从门口到湖边踏出一条小路。尽管我已经五六年没有在上面走过,它却依旧清晰可见。真的,我恐怕其他人已经陷入这条道路,从而使它继续通行无阻。地面是软的,人的脚很容易在上面留下印迹,心灵旅行的道路也是如此。那么,世界的公路一定多么破旧多尘,传统和服从的车辙一定多么深啊!我不愿坐在船舱里航行,宁可在桅杆前,站在世界的甲板上,因为在那儿群山中的月光看起来格外清晰。现在我不愿到舱底去。"他的解释很不明确,很可能在他看来,他有好多种生活要体验,不能在一种生活上浪费过多时间。这种不安定来自不断的自我更新的需要。无论来到湖畔还是离开湖畔,那都是必然的、积极的姿态,标志着乐于进行新的体验的关键态度。

1852 年 1 月,他开始进行《瓦尔登湖》一书第二阶段的修改和扩充,同时他这一时期在日志中所写的内容也很有启发性。日志内容说明他在努力理解无法理解的决定,即他为什么离开湖边。他说不清楚。他曾一直希望他能回来,却也不清楚他如何去那里的。他的言语中带有困惑,带有失望的痛苦,他的话令人吃惊。之后,他推测说可能是他想要改变。他不想停滞不前。如果在湖边再住久一些,他可能会永远住在那儿。在那样的条件下,就算一个人能到天堂也会三思而行。在拿到去天堂的票以前,必须先到地狱,再到炼狱,最后到天堂。

梭罗的推测没法清楚说明他离开湖边的理由,也许更具体、更直接的理由在于他的文学目标和情感需求。毕竟,暂居湖边是作家的一次静修,是梭罗文学事业策划中的一步,也说明他在纽约的经历绝不会削弱他的文学抱负。在湖边逗留了两年,手头有两本书已经完成,并且着手开始他最重要的两篇散文。从现实角度来讲,这个实验是成功的,这是梭罗文学生涯中最多产的一个时期。

《瓦尔登湖》中这位积极进取且自立的叙述者代表了19世纪40年代中后期梭罗的个性和抱负,但他忽略了这些年一直困扰他的强烈的归属问题。所以当他受到邀请在爱默生巡回演讲期间搬到爱默生家居住,他就离开了湖边。从1841年以来,梭罗就是爱默生家的常客,也曾经住在那里。他一直扮演着复杂的角色,既是亲密朋友,又是文学伙伴和学生,还是忠诚的仆人。他迫切想要独立,而且爱默生的期望让他感到烦恼,但是他内心的忠诚和感激,他对于爱默生一家的感情仍然很强烈。他曾承诺永远是莉迪亚·爱默生的朋友和助手。1847年8月30日,爱默生在去英国巡回演讲之前,给兄弟威廉写了一封信,信中说妻子已经邀请梭罗住到家里来。在这个时刻,爱默生夫妇都需要梭罗。当然,莉迪亚的邀请也很有吸引力,因为梭罗可以整个冬天住在舒适的家中,还可以在书房里尽情阅读。

有一点很重要,就是这邀请来自莉迪亚,他和莉迪亚的关系一直很好。他对她有很深的依恋。莉迪亚深深触动了他的情感,他把她视为姐姐,她的存在令他愉快,她容光焕发,她是完美的存在。后来,他把这个人物母性化了,认为自己是她的长子,甚至把这个人物描绘成自己的一部分,是他阴性的一面。梭罗写给莉迪亚的信和他的日记都表明他的孤独和情感需求,这也是促使他离开湖畔小屋的原因。他于1847年9月搬到爱默生家中,瓦尔登湖的实验宣告结束。

虽然他最终离开了湖边,但这个经历的影响不应该被抹杀。

当他在《瓦尔登湖》一书中重现这次经历时,这个经历变得越来越重要。他开篇强调节俭和简单的生活,这种论述可能来源于他的经济状况。湖畔生活有可能回答了很多哲学问题,也有可能暂时提供了他职业问题的答案。在那儿,他不仅不用考虑传统意义上的工作,也不用考虑一系列的文学课题。读者和评论家都注意到梭罗并未完全断绝与家人的联系和爱默生的经济支持。的确是这样。如果把《瓦尔登湖》看作旷野生存实验,那就错了。

梭罗在湖畔要从事自己的事业,这是他进行这项实验的另外一个重要动机。正如艾勒里·钱宁所说,他开始了一个宏大的吞没自己的过程。虽然他实验的主要动机来自经济和职业两方面,但他明白林中生活会提供不寻常的机会。他可以过一种不同的生活,每天在沉思中发现自我,进行精神训练。湖畔生活可能促成了他的文学成就,也可能赋予他一定程度的自信和成熟,但最重要的是他精神生活的拓展。他获得了成长,这是最重要的。

他觉得自己与基本的伦理原则和存在的现实有了密切接触,这种感觉渗透进《瓦尔登湖》文本以及他的日记中。在这些文章里,世界展现在他面前,让他感到新鲜,伴随着的还有内心的发现。在寻求过一种完全简单生活的力量和智慧中,他直接触及了自然的运作规律。

他说:"有的人为了消遣而必须出门,参加社交,到戏院去。比较起来,我的生活方式起码还有一个优点:我的生活本身就是娱乐,新鲜事情层出不穷。它是一出没有结尾的多幕剧。"

生活是一部多幕剧,不断发展,不断更新。梭罗逐渐认识到要认识自我,首先要认识到自我范围的不稳定。他去努力说明自我有宽泛的内涵和可渗透的边界。这个自我的界定来自它与自然界的互动。他逐渐认识到在任何一个自然界物体中,即使是一个厌世的、最忧郁的人都能找到最纯洁、最振奋人心的相伴。曾经在一场暴风雨中,他感觉到孤独,但他说这只是一时的精神错乱。雨一直下着,梭罗待在自己的小屋里,听着雨点的敲击声,看着周围的景色,他突然意识到自然中有这样甜蜜的相伴。当视觉和听觉刺激急剧上升时,他受到无法控制的力量的影响,同时感觉到一种无限的难以解释的友好。他越过了一个重要的界限,他不再是暴风雨的目击者,他成了其中一部分。像雨滴一样,他拥抱了整个自然。同时,作为自然的一部分,他感觉到雨的拥抱。他不仅克服了孤独的幽怨和忧郁,而且更充分了解了和他相似的物体的存在。

梭罗的自我正在被吞食,与他周围的万物融合在一起。这是《瓦尔登湖》中最具有哲学性和诗意的时刻,是感知再定位的体验,揭示了传统上自我理解的不足。

第二节 对传统的冲击

梭罗很难在一项事业上安定下来,虽然源于他特殊的个性和境况,但也对美国人对工作和消费的痴迷产生了有力的冲击。在他对于瓦尔登湖畔生活的描述中,有对于周围大多数人生活的激烈批评,揭示了人们被无尽的劳役所束缚。他们失去了正确的判断力和旺盛的精力,通过不断购买和消费物品,一直在毫无意义地寻找满足感和社会地位。人们在错误中劳动,被一种看似必要的命运所控制。就像一本古书上所说的,他们在贮存财富,而最终这些财富会被飞蛾和锈菌侵蚀,会被小偷偷走。这是傻瓜的生活,可他们在生命结束时才会发现这一点。梭罗把他湖边的自然生活和傻瓜的生活相对比,用其价值观作为相反导向。在《经济》这一章中,他向读者展示了他生活方式的改革,改革的每一个方面都直接或间接反映出他对传统生活需求和实践的冲击。在一些人看来,人类生活的整个领域已经被他们的前辈探索过了,无论是高地还是山谷。所有东西都已经被关注过。他们就这样从不怀疑,习惯性地漠然接受如今的社会状况,这一点让梭罗很愤怒。对于城镇、农场、家庭生活的不断反思使梭罗的独居生活更有意义。

梭罗在《经济》一章中尖锐批评了普通人生活的徒然和冷漠。他的观点代表了超验主义者的观点。他们最初对宗教的干涉很快发展成为对社会改革和经济实验项目的极大兴趣。阿莫士·布朗森·奥尔科特便是代表人物,他是教师,也是新英格兰不抵抗社团的成员,于 1841 年提出果园公社这一想法。次年他前往英格兰,希望找到支持以及这项实验的参与者。英格兰是他强大的支持者团体的大本营,在那里一群教育者根据他的教学理念创建了奥尔科特学校。他的支持者之一查尔斯·莱恩,于 1842 年 10 月 21 日和他一起到美国。

1843 年 5 月,莱恩花 1800 美元买下了马萨诸塞州哈佛 90 英亩的怀曼农场。尽管奥尔科特自己提出了果园公社的想法,他并没有参与购买土地,很大程度上是因为他在神庙学校失败后的几年在马萨诸塞州康科德作为一个农民身无分文。7 月,奥尔科特在《日暮》上宣布他们的计划:"我们已经和这片将近 100 英亩土地的所有者做了一个安排,从人类的手中解放这片土地。"他们已于 6 月 1 日正式搬至农场而且乐观地将其命名为"果园公社",尽管那片土地上只有 10 棵老苹果树。原则上,果园公社的改革者坚持不购买房产,莱恩对这一点进行了如下阐述:"我们不赞赏购置土地,但是它的从贬低的自我统一体的赎救或性质,神圣的用途,让我们清楚地明白:那里那些这个世界尊敬的主人对他们的个人权利向至高的造物者做出让步。"公社吸引了 14 个居民,包括奥尔科特和莱恩的家人。到了 7 月,公社成功地种植了 8 英亩的谷物,1 英亩的蔬菜,1 英亩的西瓜。果园公社在开放后的冬天最终失败了,很大程度上是由于食品的短缺和伴随而来居民的动荡不安。新英格兰严酷的冬天对果园公社的成员来说太过于严峻。奥尔科特和他的家人为此饱受指责,他们的素食主义者果园实验宣告失败便返回康科德。这个经历证明奥尔科特和他妻子的理想主义和乌托邦改革思想有局限性。梭罗对这些实验很了解,也进行了很多关于这些实验的演讲。他和爱默生带着极大的兴趣,也带着本能的怀疑参与了这些项目。

爱默生对于乌托邦式的公社持保留态度。在1843年7月,当奥尔科特一家刚刚开始果园公社时,爱默生就拜访了他们。爱默生对他们的宁静生活和看似对人生道路的掌控印象深刻。他们似乎找到了实质,摆脱了表象,很平静。但爱默生担心这个实验会被看作某一社会准则的体现,而不是一种新的生活方式。这样的项目的初衷会被篡改,这个项目会变成一个阶段性的产物,目的是给其他人留下深刻印象而不是去了解生活。在这次拜访中,爱默生发现这一家人不是在摆姿态,他感到奥尔科特是在做一项庄重而有目标的工作。然而,他不得不承认会有不可控力影响生活的条件,所以他不会对这家人是否会成功做出判断。7月拜访他们以后,爱默生说12月会再去看他们。可是到了12月,这个公社已经彻底失败和瓦解。

梭罗的湖边小住只能勉强看作乌托邦式的,因为这是有意的反社会实验,是远离社会。然而,他是带着实验的态度和希望来到湖边,这一点是乌托邦实验必不可少的。他也敏锐感觉到了表演和观众的问题。他说如果镇里的人没有特别询问关于他的生活方式,他不应该让他的事情干扰到读者的观察。为了回答周围人的问题,为了捍卫自己的生活方式,他对瓦尔登湖畔的实验进行了长篇且详细的叙述。的确,他的讲述有观众,但他认为他的生活没有观众。市民对他的生活方式表示怀疑,一些人问他吃什么,是否感到孤独,是否感到害怕等。还有一些人很好奇他有多少收入用作慈善目的,有一些来自大家庭的人问他供养了多少个穷孩子。梭罗在写作中保留了第一人称,说明这本书是对自己生活简单而真实的描述。他担心自己的湖畔生活只会被当作角色扮演,而不是逻辑上的必然行为。他的目的是要解决生活中的具体问题。

梭罗感觉到的另一种压力来自教会和社会改革者。当提到关于他帮助穷人或孩子的问题时,梭罗开始谈论与社会相关的另一个问题。这个问题捍卫了他简单的经济和自然生活。他最初强调传统单调乏味生活对人的禁锢，表明自己要打破束缚。在《经济》一章最后，他利用那些观察者的质疑，进行更完全的自我诠释。一些人认为他所做的一切很自私，这个问题也困扰着许多梭罗的读者，这是一种令人困扰的个人主义。个人主义在美国文化中很突出，也是一系列社会问题的根源。梭罗的《瓦尔登湖》在某种程度上是美国个人主义的典型表达。佩里·米勒认为新英格兰的传统历史是一系列的分裂和再分裂。如果你想跟上新英格兰个人主义的快节奏，你一定会气喘吁吁。最终，这个过程产生了孤独的个人，他的自立对于社会十分危险。

梭罗的实验受到尖锐的反对，理由是他的做法出自个人主义的狭隘。面对这样的评判，梭罗进行了讽刺性的反驳。他承认自己很少从事慈善事业。他有一种责任感，所以他牺牲了许多快乐，其中包括慈善。他把慈善和努力工作的责任看作享受和奢侈，认为享受和奢侈是自我实现的障碍。梭罗把慈善看作不可信的沉迷，是在表演。因为每个事件都存在真与假的问题，对于人们的行为动机要进行明确区分。

梭罗利用对慈善的质疑强调他在湖畔的生活是进行真实且必要的自我表达的步骤，是在践行一项事业，这项事业和改善社会或帮助他人的工作一样有坚实的道德基础。他认为天赋是种内心的冲动或欲望，会使一个人选择一种生活方式或行动方案，既能实现自我，又能为世界做出贡献。虽然梭罗并未参与慈善工作，但他明白他的实验很重要。履行自己的职责，忠于自己独特的见解，结果会产生更大的影响。这是一种充满信念的行为，坚信只要根据自己的理性和良知行动，就会产生更大的益处。他说："也许我不应该有意谨慎小心地逃避社会要求于我的这种使宇宙不至于毁灭的做好事的特殊职责，我却相信，在一个不知什么地方，却有着一种类乎慈善的事业，然而比起来不知坚定了多少的力量，在保持我们现在的这个宇宙呢。"这种决心和他的判断有关，他认为人们在面对地位和物质利益的需要时，无法做出符合道德的决定。做善事只是表面上的,变得善良最重要。

在最初的章节中,梭罗认为生活改革的障碍之一是慈善,其他的障碍来自社会和经济方面,根源在于错误或肤浅的目标或无法放弃的不必要的物质享受。《经济》一章以梭罗在湖畔的生活为反例,努力去层层分析这些障碍。在瓦尔登湖畔生活的两年又两个月的时间里,梭罗始终过着一种依靠自己的双手,自耕自足的生活。他不但自己在湖边搭建了小木屋,还自己种菜种粮、采摘果子、捕捞湖鱼,可以说生活中的一切都是他凭借双手获得的。他热爱劳动,也鼓励人们通过双手获得劳动成果,换来自己的生活。他反对和嘲笑的,是生活中各个方面的过度消耗,是追求生活中一成不变的物质欲望。他主张生活从简,一切够用、能满足自己的生存即可,而把为生活劳碌奔波所消耗的时间用来体验更加丰富的生活,尤其是精神生活。他写道:"大自然既为强者提供了用武之地,也为弱者提供容身之所。有些人总是忧心忡忡,简直就像患了不可治愈的绝症,我们总是天生爱夸大自己所从事工作的重要性,不停地担心还有很多工作尚未完成,或者忧虑万一我们生病了怎么办。我们并没有怀着信仰去生活,白天时提心吊胆,到了晚上不情不愿地祷告,丝毫没有坚定的信念。我们就这样谨小慎微地生活着,对我们的生活充满了敬畏之情,顽固地认为它没有改变的可能。……但你能从圆心画出多少半径,生活就有多少种方式。所有的改变都是奇迹,但这种奇迹时时刻刻都在发生。"梭罗认为,人们应该具备"生活必需品",也就是通过自己的努力得到的,对我们的生活非常重要的物品。超过这个界限的,尤其是超过很多的奢侈品,"非但是多余的,而且还会妨碍人们的提升。"他写道:"当他获得这些必不可少的东西之外,除了追求奢侈的生活,他还能有别的选择:那就是真正去体验生活的历程。他的假期开始了,可以不用继续劳碌奔波了。"由此我们可以知道,过简朴的生活,满足必不可少的物质,抛弃奢靡的生活,去体验生活的历程,是梭罗《瓦尔登湖》真正要表达的思想。

　　他于 7 月 4 日搬进他的小屋,并开始从最严格意义上考虑自己的经济需求,那些必要的需求。这种对需求的极端简化来源于对奢侈品和必需品之间的严格区分,最后得出结论,现代文明把许多奢侈品界定为必需品。梭罗坚决要求回归一种最基本的对生活必需的定义。所谓生活的必需,是指人类通过自己努力获得的,从一开始或长期使用,已经变得对人类很重要的东西,以至于即使有人,也只有极少的人试图过没有它们的日子,而他们之所以这样做或者是因为处于未开化状态,或者是贫困,或者和人生哲学有关。用这样一种严格的标准,梭罗把大多数普通的消费和所有模式看作多余的,这些多余的东西会导致忧虑、操劳和过多的劳作,这些都长期困扰着美国的中产阶级。

　　在对消费与工作模式的重新定义中,梭罗思考了“自由”的概念。这一概念在美国人的意识形态中占有重要位置。鉴于大多数美国人的日常体验,这个概念需要检验。梭罗说,即使在这个相对自由的国家里,大多数人由于无知和错误,生活中充满了人为的烦恼和过于粗重的劳作,以至于无法摘取人生精美的果实。过度劳累还带来了虚弱和筋疲力尽。他们的手指因过度劳作变得太笨拙。

　　获得生活的必需品并不是目的,这只是真正意义上生活的必需准备。当一个人获得生活必需品时,就不再需要那些过量的东西,而有了另一种选择,那就是:他不必再从事卑微的劳作,可以涉足生活的冒险。如果不进行冒险,只一味沉迷于满足物质需要,就会失去生活的意义。大部分人过着沉默、绝望的生活,他们无法逃避经济诱惑,失去了更广阔的生活目标。瓦尔登湖实验只是轻松生活的准备阶段,梭罗所构想的“自然生活”包含了对更广泛的自我表达和实现的追求。人类无疑有能力通过有意识的努力提升自己的生活。这种努力无法忽略物质和经济的需求,但是绝不能在那里停滞不前。

第三节 田间劳作

梭罗从一开始就谈到节俭的生活,承认节约的重要,并描述了农业生活和周围农民的生活状况。工业化时代刚刚开启,技术革命的成果比比皆是,比如正在改变周围风景和人类社会的铁路。梭罗把他的实验看作回归根本。1845 年夏天,在到达湖边之后,他提到华兹华斯的乡村生活是古人那种宁静惬意生活的现代实例。在如今混乱的时代,他渴望这种简单的、史诗般的乡村生活,而这种生活的基础是农业。以此为经济来源,表明他想回归到失去的本体。农牧业是一种很普遍的神圣的艺术,人们在从事这项艺术时却不加注意,太过匆忙。梭罗认为自己正回归到与自然的直接联系,以自然界基本的生产力来重新界定人类的经济行为。他想通过诚实正当的方法去赚 10 或 12 美元,于是他在小屋附近大约 2.5 英亩的沙质土壤中种了菜豆,还种了土豆、玉米、豌豆和芜菁。梭罗把他的耕作看作必要且可行的行为,是解决无法逃避的问题的最简单的方式,但是他与其他农民不同,因为他的方法违反常理。关于他的土地,一个农民曾说这个地方除了养吱吱叫的松鼠,没有其他用处。梭罗从不施肥,他不是土地的主人,只是一个擅自占用土地的人。他对周围农场嗤之以鼻,对自己的劳作模式感到骄傲。

他的豆田并不多,田垄总共 7 英里长,却已远远超过了需要,只有让那些豆苗自己去应对蛆虫、寒冷和旱獭,"剩下的就会变得粗壮,有了抵抗它们的能力,要面对新的敌人",达尔文的进化论也是那个时代的产物。面对自己的豆田,梭罗没有雇工、没有农具,有的只是一把锄头和一双手,不施肥、不施粪土,每天和豆苗、豆茎、泥土、杂草亲密无间,不在乎路人拿他的豆田与别人比是怎样的季节不对、肥料不足、收成不好,他只是和豆田在一起,在他提供的条件下让"豆子得以欣然重返自己的野性和原始状态,而我的锄头在为它们吟唱着牧民的谣曲"。古代的诗歌与神话表明"农事是一门神圣的艺术……农夫是通过这种方式表达一种对其职业的神圣感受，或者唤起他们对农事活动的神圣起源的回忆，但我们做得满怀不敬，匆忙草率，掉以轻心，我们的目的只是得到大片的田地和更多的庄稼"。欲望已经使艺术成为贪婪、自私和卑琐的习性。真正的农人会熄灭焦虑，"每天完成自己的劳作，而不将田中所产据为己有；在他心中，不但第一枚果实是神圣的祭品，最后一枚也是"。

他经常提到一些反例，比如原始人与野蛮人的生活和文化，还有早期新英格兰殖民者以及当代美国边远地区的居民。这些例子都为新英格兰农民的价值观提供了另一种选择，因为他们的劳作已成为一种陷阱。梭罗总是小心地使自己的劳作顺应具体而有限的目标。在湖边的第二年，他意识到他不需要2.5英亩的豆子，于是减少了用在田中的精力。通过诠释自己的劳作，他努力把自己与周围大多数农民区分开，即使他也意识到了种植食物的高贵和意义。他拒绝听从周围农民以及许多农牧业方面著作的建议，用他自己的经验证明耕作可以从根本上简化。如果一个人想生活得简单，只吃他种的作物，只要培育他够吃的就可以了。梭罗的简化原则在农业中的应用使他觉得耕作是一项基本活动，这个活动把人类生活与自然的生产力联系在一起。

从这种意义上来说，梭罗的豆田，虽然目标有限，在方法上也缺乏艺术性，但可以被看作一次农业实验。有学者认为《瓦尔登湖》可以被看作一首现代农业的史诗，《豆田》一章被看作梭罗有机社会改革思想的实例，是一种回归自然经济的改革，也是一场自我改革。

梭罗的湖边小住是实验性的，也是短暂的。他害怕羁绊，他说自己差点犯了个错误，即差点协商购买霍洛维尔农场。长久地投入农场会带来羁绊，他甚至拒绝了好几个农场。1841年3月，梭罗认真考虑买一个农场来解决他的职业问题，但是他又明确说明投入农场时要小心谨慎，因为所有的一切都有可能把他困在刻板的职业生活中。他不能因为成为农场主和土地所有人而失去自由。大多数从事一项事业的人都是不幸的人，世界会为他们唱一首哀歌。农民肌肉僵硬，他的步伐无法加快，他的命运非常死板。梭罗在瓦尔登湖畔暂居的土地是属于爱默生的，景色优美却不够肥沃，但足以满足他的需要，因为这块地不太可能成为他精神重建的阻碍。

即使在这些有限的条件下，梭罗的务农经历也是他实验中重要的一部分，并且是他叙述中很突出的一部分。《瓦尔登湖》的最初版本只是一系列讲座，里面就有关于种豆经历的描写，最终版本形成后，里面也多次提到耕作和对于农民的态度。虽然他极力把自己与其他人区分开来，但他的思想上有未能解决的矛盾。他把耕作看作一种高贵的，带给人力量的工作，这不符合现代美国社会的常理。他隐居荒野，进行耕作，对务农经历的突出描述都表明他对乡村生活的信仰。这一点很重要，因为在书中他给我们最初的警告之一就是提防消费文化，把农业生活看作脱离消费文化的方式。

然而，他同时又意识到，务农是一件奴役性的苦差事。他对于中产阶级生活模式的批评似乎集中在农民身上。他把他们描述为贪婪与目光短浅的牺牲品。这些人由于他们错误地努力而最终打败了自己。他看到年轻人，他的同乡们，不幸继承了农庄、房舍、谷仓、牛群以及农具，因为这些东西得来容易摆脱难。是谁使他们成了土地的奴隶？他们为什么该享受 60 英亩土地的所出，而别的人却命中注定只能忍气吞声？他们为什么一出生就开始自掘坟墓呢？把农场劳作比作自掘坟墓，这样的类比对于把农耕奉为神圣的美国文化是强有力的挑战。

梭罗在进行类比时，已经意识到它的煽动性本质，也明白他正逐渐削弱耕作在美国文化中的认可度。农夫被他所拥有的农场消耗了，这种物质所有关系被颠倒了，劳动者除了当一架机器，没时间做其他事情，失去目标使生命变得没有意义。

梭罗所践行的简化的、纯粹的农耕不能完全解决关于农耕的疑问。人们觉得他在田野中的劳作对他来讲是次要的,甚至带有威胁性,似乎农耕的需求必须小心控制,否则他就会被吞没。在湖畔的第一个夏天,与其说他为耕作的成功感到骄傲,不如说为自己最后的决心感到骄傲,他决心下个夏天,他不会再那么辛苦种植豆子和谷物。总之,农场处于伊甸园之外,农场的劳作提醒人们自然与人类之间和谐的丧失。原始时代人类过着简单和赤裸的生活,他们是自然界的逗留者,这种原始的生活预示着梭罗所说的自然生活。这种生活优雅、轻松、直接和自由,是现代生活没有的。人们现在不再露营过夜,而是在地球上安顿了下来,忘记了天堂。原始社会生活没有把握,脆弱,依赖于自然力,不断变化而且多样,这样的生活令人精神丰富。对于他来讲,农耕一直以来就是堕落的警告,说明人类生活没有成为自然生活。他在湖畔务农带有双重的意义,一方面给农场带来了自力更生的高贵品质,另一方面它会带来不易察觉的奴役和束缚。

第四节　高级的艺术

以一种游手好闲的态度,梭罗保护自己免受农场的威胁,因为农场是由无聊工作构成的监牢。《瓦尔登湖》一书中包含了一系列有趣的事件,在这些事件中,梭罗嘲笑传统意义上的辛勤劳动。他在湖畔时从事过的职业包括"一家杂志的记者""自封的暴风雪和暴风雨的观察员"。他对这些职业的描写是对农民职业道德的有意讽刺。他留意的是农场偏僻的角角落落。对于地理边缘的偏爱与他的意图密切相关,他想远离传统期望的影响,特别是有关工作的期望。

梭罗努力使自己远离死板的日程安排,强调一种开放性和自发性,尤其是面对自然万物时。有的时候,他很难把眼前的美好时光牺牲在任何工作上,无论是脑力的还是体力的。他写他的豆田时,曾这样描述:他有时早晨不给豆田松土,而是在门口的阳光下,从日出一直坐到中午,独自凝神遐想。

在第一年,他的确锄过好多次地,收获了 9 蒲式耳 12 夸脱(美国 1 蒲式耳约为 35.238 升,1 夸脱为 1/32 蒲式耳)的谷物,说明他还算勤快。带有些许的自豪,他提到在豆子生长过程中,他常常从清晨 5 点一直干活到中午。在《瓦尔登湖》一书中,他的目的不是否认劳动的绝对要求,而是重构工作时的精神和意识。他想说明道德的自我塑造需要不懈的脑力劳动,维持生活所必需的体力劳动只是脑力劳动中的一部分,能够影响生活的质量。改变预示着一种新的自我理解方式和认知能力的改变,其中包括日常劳作本质的重新构建。

通过培养以生态为取向的意识,这种重构成为可能。梭罗并未提出过"生态学"这个术语,但在我们这个时代它代表一种思维方向,而梭罗是最初参与创立这一术语的人之一。"生态"这个词用在这里是要表达这本书中扩大的信仰和准则。当他描述人类对自然界的观察以及与自然互动时,这种改变的互动模式在判断劳动和其他经济活动的价值时尤为重要。梭罗曾这样描述他早晨的工作,他说他锄的不再是豆子,锄豆子的也不再是他。身份特征的互相抵消表明梭罗的感知能力在不断扩大,突破了通常观察者和被观察者之间的等级关系。

这种认知能力的开发是生态敏感度的基础,影响了梭罗的农业目标,代表了更大的精神和道德成就。在《春天》一章中,有关于铁路路基两侧沙叶的著名论述,其中人体、有机世界、地球被描述成一个逐渐演变的实体。梭罗这样写道:整个铁路路基约 20 英尺(1 英尺约 0.3 米)到 40 英尺高,有时给这种枝叶花簇的装饰所覆盖,或者说,这是细沙的裂痕吧,在其一面或两面都有,长达 1/4 英里,这便是一个春日的产品。这些沙泥枝叶的惊人之处,在突然间就构成了。当我在路基的一面看到了那个毫无生气的斜面,因为太阳最初只照射在一面,而另外的一面上是这片茂盛华丽的枝叶,它只是一小时的创造,我深深地被感动了,仿佛在一种特别的意义上来说，我是站在这个创造了世界和自己的大艺术家的画室中——跑到他正在工作的地点，他在这路基上嬉戏，以过多的精力到处画下了他的新颖的图案。我觉得我仿佛和这地球的内脏更加接近起来，因为流沙呈叶形体，像动物的心肺一样。在这沙地上，你会看到出现叶子的形状。难怪大地表现在外面的形式是叶形了，因为在它内部，它也在这个意念之下劳动着。原子已经学习了这个规律，并孕育出了果实。高挂在树枝上的叶子在这里看到它的原形了。无论在地球或动物身体的内部，都有润湿的，厚厚的叶，这一个字特别适用于肝、肺和脂肪叶。鸟雀的羽毛依然是叶形的，只是更干燥、更薄了。这样，你还可以从土地的粗笨的蛴螬看到活泼的、翩跹的蝴蝶。我们这个地球变幻不已，不断地超越自己，在它的轨道上扑动翅膀。冰也是以精致的晶体叶子来开始的，好像它流进一种模型翻印出来的，而那模型便是印在湖面上的水草的叶子。整个一棵树，也不过是一张叶子，而河流是更大的叶子，它的叶质是河流中间的大地，乡镇和城市是它们的叶腋上的虫卵。当太阳西沉时，沙停止了流动，一到早晨，这条沙溪又开始流动，一个支流一个支流地分成了亿万道川流。也许你可以从这里知道血管是如何形成的，如果你仔细观察，就可以发现，起初从那溶解体中，有一道软化的沙流，前面有一个水滴似的顶端，像手指的、圆圆的突出部分，缓慢而又盲目地向下找路，直到后来因为太阳升得更高了，它也有了更多的热力和水分，那流质的较大的部分就为了要服从那最呆滞的部分也服从的规律，和后者分离了，脱颖而出，自己形成了一道弯弯曲曲的渠道或血管，从中你可以看到一个银色的川流，像闪电般地闪耀，从一段泥沙形成的枝叶，闪到另一段，而又总是不时地给细沙吞没。神奇的是那些细沙流得既快，又把自己组织得极为完美，利用最好的材料来组成渠道的两边。河流的源远流长正是这样的一回事。大约骨骼的系统便是水分和硅所形成的，而在更精细的泥土和有机化合物上，便形成了我们的肌肉纤维或纤维细胞。人是什么，还不是一团溶解的泥土？人的手指足趾的顶点只是凝结了的一滴。手指和足趾从身体的溶解体中流出，流到了它们的极限。在一个更富生机的环境之中，谁知道人的身体会扩张和流到如何的程度？手掌，可不也像一张张开的棕榈叶的有叶片和叶脉的吗？耳朵，不妨想象为一种苔藓，挂在头的两侧，也有它的叶片似的耳垂或者滴。唇便是在口腔的上下两边叠着悬垂着的。鼻子，很明显，是一个凝聚了的水滴，或钟乳石。下巴是更大的一滴了，整个面孔的水滴汇合在这里。面颊是一个斜坡，从眉毛上向山谷降下，广布在颧骨上。每一张草叶的叶片也是一滴浓厚的在缓缓流动的水滴，或大或小；叶片乃是叶的手指，有多少叶片，便说明它企图向多少方向流动，如果它有更多的热量或别种助长的影响，它就流得更加远了……它使我相信，大地还在襁褓之中，还在到处伸出它的婴孩的手指。从那最光秃的额头上冒出了新的鬈发。世上没有一物是无机的。路基上的叶形的图案，仿佛是锅炉中的熔滓，使大自然的内部"烧得火旺"。大地不只是已死的历史的一个片段，地层像一本书的层层叠叠的书页，主要让地质学家和考古学家去研究；大地是活生生的诗歌，像一株树的树叶，它先于花朵，先于果实——不是一个化石的地球，而是一个活生生的地球；和它一比较，一切动植物的生命都不过寄生在这个伟大的中心生命上。它的剧震可以把我们的残骸从坟墓中暴露出来。你可以把你的金属熔化了，把它们铸成你能铸成的最美丽的形体来；可是不能像这大地的溶液所形成的图案那样使我兴奋。还不仅是它，任何制度，都好像放在一个陶器工人手上的一块黏土，是可塑的啊。这样完整的构想深深植根于他观察到的细节。他观察和了解得仔细和精确说明一种有意识的状态，一种清醒的状态，这种状态是他在湖畔希望恢复的一种状态。清醒是梭罗最明确的隐喻，也是他生态观点的基础，其对立面是昏睡状态，暗示着思维无法触及的世界。他对沙叶的观察使他想到了人体。人是什么，不就是一团解冻的泥土吗？人的手指顶点不过就是凝结了的一滴。甚至他描述牛蛙的叫声时，都以人类作为背景，把牛蛙描述为古代的酒鬼和纵酒欢闹者。

梭罗关于觉醒的讨论是想让人们意识到一个丰富的关系网,在这些关系中人类的经验与自然界交织在一起。他把自己的头比作挖掘工具,就像有的动物用鼻子和前爪挖掘,目的是在山中挖出一条路,寻找珍贵的矿石。人类思维就是这样在不断挖掘,不断探索自然,一方面暗示了破坏性的征服和利用,另一方面是顺从和埋葬,最终与大地融为一体。埋葬并不意味着悲观失望,而是一种积极的期待。在一行行豆子周围用锄头翻起新一层土壤,这种行为和生命相连,而不是埋葬,因为这样做不仅给豆子,也给梭罗自己带来了滋养。对于一个建立在税收基础上和不停劳作基础上的国家,关于体力劳动的文学描述却出奇的少。大多数有抱负的作家认为这个话题没有希望,但是梭罗讲述了为了9蒲式耳豆子付出的努力,既坦诚又把劳动作为了一种合适的文学和伦理主题。

他对劳动进行了诗意描写,那是他用锄头进行的发现。他写道:"我翻起了远古时代,在这片天空下生活过的、未载入史册的民族的废墟。他们打仗和狩猎用的小工具在如今被挖掘了出来。"在康科德地区,梭罗因为了解美洲土著居民的手工艺和文化知识而闻名。这些手工制品的发现也提醒人们:印第安人曾经从这片土地上迁移而去。他的发现使最初文化之间的鸿沟转变为自己与面前这片土地曾经存在过的文化的纽带。他意识到,这些遗迹的存在把他的劳动放在了更大的时间框架中,把普通的甚至令人心烦的任务转变成了一种交流方式。这样,每日习惯性的常规活动被描述为维持生命的需要,也向梭罗展示了劳动者在人类历史构成中的地位。他与这些未载入史册的民族的联系深化了他的人性,使他回归到维持人类生存最基本的劳作中。

他用锄头翻起的未载入史册的废墟使他的劳作成为一种对过去历史的阅读和报告。大地就是一篇文章,从中他发掘出意义,他的劳作就是在践行他们的故事。被埋葬的人类生活被发掘出来,在这个过程中,连续几代人重新团结在一起,融入泥土,不仅通过死亡,还通过生命和劳作。梭罗用锄头挖掘出的是延伸了几代人和几种文化的目标和高贵。

锄豆子引发了梭罗的联想,可见乏味的体力劳动是丰富想象力的源泉。豆田和豆子是老师,锄地是关于写作和阅读的隐喻。对于作家来讲,大地是书页。梭罗用锄头发掘印第安文化遗迹就是一个例子。他是在学习、阅读、记录过去的历史,他全身心投入其中。但同时也要注意,梭罗的锄头也是一个耕种工具,他是一个耕种者。所以他在锄地时,对于劳动和休闲进行了区分,发现自己的劳作与其说繁重无聊,不如说消遣娱乐。他耕作的不仅是豆子,还有对环境的认识。当他的锄头碰到石块发出叮当声时,这乐声在林间和天际回响,是劳动的伴奏,他立即获得了很大的收获。劳动由此变成一首欢庆的音乐,真实的音乐来自日常活动的节奏。

在劳作过程中,梭罗提到夜鹰在头顶盘旋,他的想象由地面转向天空。夜鹰猛扑而下,声音犹如天空被撕裂,撕成片片碎布。这只鸟飞行的弧线扩展了梭罗劳动的空间范围。他把夜鹰的翱翔和俯冲看作一种拓展,这种拓展是为了弥补他锄头的挖掘和翻找。虽然夜鹰用它的力量撕裂天空,但天空仍然完好无损,因为这样的力量,不管表面上多么具有扰乱性,从根本上来讲还是与天地框架融为一体。夜鹰像湖中的涟漪优美纤细,像风刮起的树叶在天空飘浮。这不仅仅是装饰性的诗意描写,因为它暗示了自然形式与过程的深刻的相似性。这样的亲缘关系存在于大自然当中。夜鹰和其他自然物的相似反映了梭罗在周围物体上感受到的亲缘关系。

夜鹰只是梭罗画面框架中众多生物中的一个,他还看到一对苍鹰高飞、下落,彼此靠近又远离,似乎体现了他自己的思想。这些汹涌而翻转的思想来自一个富有想象力的诗人或作家,陶醉于纯粹自由的力量,甚至以条埋或理性为代价。当想象力释放时,启发和情调有可能来自最不可能的地方。从一根腐烂了的树桩下,他发现了一条带花斑的蝾螈,懒怠、奇特、怪模怪样的,有着埃及和尼罗河的痕迹,然而和我们处于同一时代。

随着梭罗想象力的不断拓展,各种生命之间的联系也在不断扩大。这是瓦尔登湖畔的关键时刻,结合了梭罗的农业实验与生态实验,而这一结合的催化剂是农业生活中最基本、最平淡的方面,即日复一日的劳作。梭罗不止在理论上,还通过自己的劳动来救赎农场生活,说明劳动本身获得救赎的可能性。

当然,有一点要记住,梭罗的劳动是在改革后的经济目标范围内进行的,没有剥削。后来,他谈到与爱尔兰移民约翰·菲尔德的见面。菲尔德辛苦地为附近农场主在沼泽地里干苦工,用铁锹或沼泽锄翻草地。每英亩的报酬是 10 美元,外加一年无偿使用这块地以及地上的肥料。菲尔德的这种劳动状况没有救赎的可能,想象力也无法拓展。《豆田》一章中对劳动的歌颂与梭罗在湖畔进行的社会实验紧密相关,劳动本身可能无法战胜压迫人的社会状况或剥削人的经济关系,但梭罗向人们展示了锄地工作未必单调乏味。任何形式的社会变革必须包含一个概念,即劳动的必要性和尊严,劳动的美和真正的满足。

梭罗的劳作表面上与康科德大多数农民相似,但性质上完全不同。他的工作不是听天由命或绝望的行为,他不是土地的奴隶。他要培育豆子,他用豆子卖钱,但他经济自由,思想自由。他很独立,正是这种独立让他在劳作中找到了一个更广泛的视野,他属于自然界。这种归属感来源于劳作。他找到了概念上和经验上的联系,一方面他渴望自由生活,另一方面渴望从生态角度了解世界。劳作使他生根,再现了未载入史册民族的遗迹,提高了他的自我认识。劳动成为一种高级的艺术,是人们观察的媒介。

第五章 解读自然

第一节 阅 读

《瓦尔登湖》一书开头对传统生活和虚假价值观的激烈批评在之后的章节中得到扩展。我们看到梭罗在自然界正在践行一种新的生活方式。这种新的生活方式以对自然细节细心且富有洞察力的认识为基础,其中身体、意识和感官形成了相互关联的互动整体的一部分。

《瓦尔登湖》一书的形成经过了长时间的创作、扩充和修订,一共经历了七个版本。它反映了梭罗湖边的直接体验,也包括了他后来的回忆、认识以及从1847年到1854年的经验总结。这段时间对于梭罗很关键,他不仅扩展并完成了《瓦尔登湖》的写作,还开始了他新的工作计划。他后来新阶段的工作直到最近才得到人们的欣赏和重视。

罗伯特·萨特尔梅尔认为这本书的完成经历了两个主要的创作阶段。第一个阶段是最初的四个版本,这几个版本是梭罗在湖边时以及离开湖边不久后写的。第二个阶段是后来的三个修订本。这些修订本提供了季节更替的和有机的框架,使得此书获得普遍认可,在20世纪中叶成为文学名作。在这七年中,梭罗从湖畔回来,一家人在1850年搬到更大的房子。在19世纪50年代初,他决心认真研究植物的特征和分类。他住在新家的阁楼上,因为阁楼更清静,也很宽敞,正好容纳他的书和各种各样的植物样本和手工制品。虽然他离开了瓦尔登湖,但通过下午散步,他有了更多自由和机会去探索乡村,研究自然。他开始使用他的日记作为散步的扩展,既记录下他的观察,又写下自己的领悟。他的日记逐渐变成了大量信息的汇编,涉及康科德地区的气候、季节循环和生态系统。

这种新的生活模式,尤其是对野外观察和自然史的投入,产生了求知上的矛盾。这种矛盾在梭罗的日记和《瓦尔登湖》一书中表现得很明显。作为一个事实的收集者,梭罗对自然界的运作细节十分着迷,同时他又想了解赋予这些事实意义和关联的更广泛的模式。尽管他注意到各种不同的细节,但他仍然相信自然的统一性。19世纪40年代末,他专心研究印度经典,观察自然的整体角度进一步增强,并致力于寻找超验主义所提倡的更崇高的法则。在19世纪40年代末50年代初,他思想中的那个原则越来越突出,与此同时,奴隶制危机越来越严重。

经过几次修订以后,《瓦尔登湖》一书最终完成。在书中,梭罗努力把他的生活看作既是当下发生的,又是永恒的。他的任务是要认识到每个物体和每个感知都有重大意义。《瓦尔登湖》竭力主张一种新的理解自然的方式,也是一种全新的在自然中的居住方式。

梭罗拒绝过同时代人的那种安静但绝望的生活,他要活得有意义,要提高日常生活的质量。每一个人都有责任使自己的生活,哪怕是微小的细节,都值得在他最高尚、最严谨的时刻进行审视。日常模式成为艺术家在湖畔的表现手法,这需要经济上的节俭,精细的手艺和目标,也需要不断更新的眼光去看待整个世界。要想过自然的生活,一个人必须摆脱长久以来形成的认知方式,不把表象当作真理。梭罗认为新英格兰居民过着卑微的生活,是因为人们的目光穿不透事物的表面,他们认为表面现象就是本质。

梭罗希望活得有意义,艺术性地塑造每一天的经历,希望投入文学创作中。他在湖畔的逗留可以说是在休假,他几乎没提他的文学计划,但他的确用早期书中的一章谈自律阅读的重要性。

阅读是他在湖边做的第一件事,也是自然生活的第一个号召。爱默生曾经讨论过书与自然之间的根本对立,认为阅读对于智慧的形成和培养会构成一定的威胁,会把思考的人变成书虫。爱默生说:"我宁愿从来没有看见过一本书,而不愿意被它的吸力扭曲过来,把我完全拉到我的轨道外面,使我成为一颗卫星,而不是一个宇宙。"爱默生俏皮地写道:"温顺的青年人在图书馆里长大,他们相信他们的责任是应当接受西塞罗、洛克、培根的意见;他们忘了西塞罗、洛克与培根写这些书的时候,也不过是图书馆里的青年人。"我要加上一句:幸好那时图书馆的藏书比现在少得多,否则他们也许成不了西塞罗、洛克、培根了。

好的书籍是朋友,但也仅仅是朋友。与好友会晤是快事,但必须自己有话可说,才能真正快乐。一个愚钝的人,再智慧的朋友对他也是毫无用处的,他坐在一群才华横溢的朋友中间,不过是一具木偶,一个讽刺,一种折磨。每人都是一个神,然后才有奥林匹斯神界的欢聚。

虽然梭罗和爱默生有一样的疑虑,认为阅读会导致虚假和腐化,会取代独特的见解,但梭罗努力缓和阅读和自然体验之间的内在矛盾,把阅读描写成一种自然的基本的行为。通过这种行为,个人可以成为广泛的、具有解放性质的、跨越时代和文化的对话的一部分。

梭罗认为,和大学相比,他的住所不仅更适用于思考,也更适合认真读书。他进行了一系列观察,通过观察,他把阅读这种和社会规范相关的人类行为转变成了一种有机行为,与自我以及自我的发展联系在一起。过一种有意义的生活,超越任何强加的社会期望,会让人们倾向于读书和学习。人们在选择从事的事业时,如果考虑得更仔细一些,也许所有的人都会成为学者和观察家,因为人们无疑对二者的性质和命运都很感兴趣。梭罗在阅读时需要开放性和自由,也需要自律的投入。他认为阅读既不是情感的逃避,也不是心灵的放松,而是一种很难达到的成就,需要投入和考验自我的所有能力。

　　并不是人人都喜欢读书，并不是人人都有书读，并不是人人都会读书。梭罗是幸运的，他喜欢读书，有书读，更会读书。他很赞成一位诗人的说法："要坐着，而能驰骋在精神世界的领域内；这种益处我得自书本。"那位诗人学识渊博，视野广阔，喜欢在书海漫游，其乐陶陶。梭罗也是如此，书，使他陶醉；他说，当喝下那芳洌琼浆时，"我也经历过这样的愉快"。当时梭罗一个人住在瓦尔登湖畔的丛林里，他认为自己的小木屋比大学更宜于思想，更宜于严肃阅读。"有豆子要锄"，也有书要读。整个夏天，他把荷马的《伊利亚特》放在桌上，随时翻几页。在他看来，能读希腊文《荷马史诗》的人"会将黎明奉献给他们的诗页"。毕竟是哈佛毕业生，梭罗读书可真是"石匠碰铁匠——硬碰硬"，他不读译文，只读原文，他说希腊文是"从街头巷尾的琐碎平凡之中被提炼出来的语言，是永久的暗示，具有永恒的激发力量"。他始终认为，古典作品是崇高的人类思想的记录；读好书意味着"在真实的精神中读真实的书"，"书本是谨慎地、含蓄地写作，也应该谨慎地、含蓄地阅读"。梭罗认为，人类的语言有两种：一种是听的语言——"我们可以像野蛮人一样从母亲那儿不知不觉地学会"；另一种是阅读的语言，是"父亲的舌音"，"是前一种的成熟形态与经验的凝聚"。为了得到更多精神食粮——书，他再次打起了哈佛大学图书馆的主意。他已毕业多年，早已失去借书资格。有一天，他来到哈佛大学图书馆，希望借几本书读，图书馆员拒绝借给他。梭罗去见校长，校长告诉他那里的规则与习俗：除了在校教职员工和学生，还准许居留的毕业生及当牧师的校友借书，住在大学周边 10 公里以内的人也可以。康科德离学校 30 多公里，超过了 10 公里。梭罗向校长解释，铁路已经破坏了老的距离比例——依照校长这些规则，这图书馆是无用的；他说他从大学得到的最大益处就是图书馆——目前他不但急需这几本书，而且他要许多书。总之，校长发现这位请愿者咄咄逼人，且求知欲极强，终于给了他一种特权——可以借书，而在梭罗手里，这一特权变成了无限的权利，就像一头饿牛闯进了丰盛的草场，他贪婪的"舌头"伸向了

"草场"的每一个角落。

梭罗发现，"最崇高的文字通常隐藏在瞬息万变的口语背后，或超越在它之上的，仿佛繁星点点的苍穹藏在浮云后面一般"。圣物中最珍贵的是文字，所以亚历山大行军时宝匣里要放一部《荷马史诗》。古代人的思想可以成为近代人的口头禅，"书本是世界的珍宝，多少世代与多少国土的最优良的遗产。书，最古老最好的书，很自然也很适合放在每一个房屋的书架上"。梭罗在瓦尔登湖边的小木屋里没有书架，它的任何地方都是书架，摆放着各种书籍——不是摆放，而是像房主一样居住在那里，它们和梭罗以及一些寄宿的小动物同为小木屋的主人。"它们的作者……成为一个社会中的贵族"，更是他小木屋里的"贵族"，占据着小木屋最醒目的位置。在梭罗看来，好书的作者对人类的影响比帝王还要大。商人们苦心经营，如果有了财富后"转向那些更高级，然而又高不可攀的智力与天才领域"，最终却发现自己心灵是那样苍白，一切财富不过是一场虚幻。于是"要给他的孩子以知识文化，这正是他敏锐地感到自己缺少的；他就是这样成为一个家族的始祖的"。读书，是一个家族也是一个民族最可宝贵的传统。一个不读书的家族是没有希望的，一个不读书的民族更没有希望。

梭罗坐在门前，想象自己是古希腊人的后裔；他是尤利西斯式的游荡者，湖畔就是他的伊萨卡。古典作品在梭罗眼里"美丽得如同黎明一样"，他称古代作家的劳动为"英雄的文艺劳动"，其完整、永生与精美是与日月同辉的。梭罗认为，伟大诗人的作品人类还从未读通过呢，因为只有同样伟大才能读通它们；对伟大的作品来说，那些粗浅的阅读，有如繁星一般被人偶尔观望，那"至多是星象学地而不是天文学地被阅览"。阅读是一种崇高智力的锻炼；大部分人浅尝辄止或干脆一无所知。甚至有些读书人从不读这类书，几乎等同于有知识的"文盲"。"我们必须踮起脚尖，把最灵敏、最清醒的时刻献给阅读才对。"独自住在湖畔小木屋里，因为有书为伴，梭罗愉快而充实。空间、空气、时间、几件简单工具、一个笔记本、一支笔,包括《荷马史诗》在内的几本好书,还有何求?太阳升起时在湖里洗个澡,然后像斯巴达人那样打扫庭院,坐下读一读《吉檀加利》,这样瓦尔登湖的水和古印度恒河的水就融合在心中了。日落时分他跳上小木舟划到湖心,在那里吹笛子,背诵诗文。初升的月亮钻入湖底,与森林的倒影相依相伴,"此时无声胜有声"。梭罗停止了吟咏。忽然,一条银色的不太大的鱼跃出水面,仍然激起水波荡漾的声响,声音不大,却清晰而悠远。这样的夜晚像天方夜谭一样奇异,在这夜里寻找天籁真是别有洞天。梭罗曾深情地回顾起这段读书生活:"最古(老)的埃及哲学家和印度哲学家从神像上曳起了轻纱一角;这微颤着的袍子,现在仍是撩起的,我望见它跟当初一样的鲜艳荣耀,因为当初如此勇敢的,是他的体内的'我',而现在重新瞻仰着那个形象的是我体内的'他'。袍子上没有一点微尘;自从这神圣被显示以来,时间并没有逝去。"

　　真正读书的人并不多。梭罗找不到一个可谈的人。梭罗在《瓦尔登湖》里写道,人们为了拣一块银币而费尽心机,纵然有黄金般的文字,古代最聪明的智者说出来的话,它们的价值是历代的聪明人向我们保证过的——然而我们多数人读的只不过是识字课本,初级读本和教科书,离开学校之后,只是"小读物"与孩子们和初学者看的故事书;于是,我们的读物,谈话和思想,水平都极低,只配得上小人国和侏儒。在目前我们说不出来的话,也许在别处已经说出来了——只是我们没有读到。那些扰乱了我们,使我们疑难、困惑的问题也曾经发生在所有聪明人心上;一个问题都没有漏掉,而且每一个聪明人都回答过它们,按照各自的能力,用各自的话和各自的生活。梭罗反复述说上面的道理,他觉得人应当像老牛般需要刺激——驱赶,然后才能快跑。他为那么多好书被冷落而感到遗憾和不安。他对周围的村庄寄予希望:我们并不要贵族,但让我们有高贵的村子——诗书传家的村庄;如果这是必需的,我们宁可少造一座桥,多走几步路,但在围绕着我们的黑暗的"无知深渊"上,架起至少一个圆拱来吧。

梭罗说:"一本真正的好书教给我的远不止是阅读它。我必须很快将它放在一边,然后按照它来生活。我始于阅读,终于行动。"正因为长期坚持广泛而深入的阅读,又善于付诸行动——观察自然和描述自然,梭罗成为美国自然文学的鼻祖和举世闻名的大师,成为"第一个环境保护主义者",又被认为是关注人类生存状况的第一位生态主义哲学家。他走在了时代前列,其真知灼见至今引导着人类文明的进程。

梭罗的这种阅读活动遵循着昼夜交替的规律,是以自然为模板重塑自我的过程,是一种需要意志力和自律的行为,需要非凡的投入和坚强意志。这项活动需要读者竭尽全力。读书的训练类似于运动员的训练,几乎毕生都要朝着一个目标不懈努力。读书时要像写书时那样慎重和克制,对作品进行仔细推敲,把作品分成细小的部分进行再创作,仿佛你就是作者。在最高层次的阅读行为中,读者变成了作者。但这种构想的压力和艰难掩盖了阅读的热情和满足感。阅读行为的两种模式表明了一种矛盾,这个矛盾是梭罗一直努力去解决的,就像优雅和劳作的二分对立。文章是一个礼物,是作家的宝贵财富,但这些财富只属于那些付出努力和自律的人。

在《声音》一章中,梭罗扩展了他对于阅读本质的分析,把书中内在的声音与自然界无数的声音合并在一起。他认为,阅读是更广大过程的一方面,而这个过程包括听、译和解码,包括我们对自然界的整个体验。如果局限在书籍中,哪怕是最杰出最经典的书,也会令我们忘记那世间万物都在使用的不用比喻表达的语言。梭罗从写作世界到自然界的迁移是很重要的,不是因为它象征着放弃了语言这一关键媒介,而是因为它把读、写与感知和自我表达合并在一起。

《阅读》一章为这种合并埋下了伏笔。梭罗认为,比起别的艺术品来,文字是最珍贵的纪念物,它既和我们亲密无间,又更具普遍性,是最接近于生活本身的艺术。阅读是对另一个人言语的全部吸收,是对思维和情感过程的内在化。把另一个人的思想吸收进来,人类经验的记录会重新充满活力。文字不仅被阅读,而且还从人类的嘴唇里轻声吐出;不仅用画布或大理石来表现,而且还用生命本身不可或缺的东西雕塑出来。古人思想的符号变成今人的用语。

如果文字可以把过去带到活生生的现在,自然界的声音则不断提醒我们注意的当下。恢复自然生活的关键一步就是要唤起和扩展对当前时刻的认识,不仅要更加了解周围的世界,还要完全融入它。梭罗希望把自己完全交托于感知,在湖边和山中的生活中有所收获。自然这个大的文本与人类所写的有限的书籍相比,自然发表的东西很多,印刷出来的很少。如果书籍使某些思想和表达得以永恒,那么自然的表达就限制在那一刻,在某种意义上说,这种表达因为短暂而更加有价值。梭罗提醒人们不要忘记万物自身包含的不用比喻表达的语言,这种语言存在于说出口的那一刻。有时看上去就像附带提到的事情也会引发我们的关注。比如,从百叶窗缝间涌入的光线,在百叶窗被完全去掉以后,就不再被人记起了。这些光线不一定有什么特别含义,但它们是现实构成的一部分。梭罗努力去了解自己,包括身体、感知和思维,努力认识到永远保持警觉的必要性。

对当前时刻的投入与传统的以时钟为导向的计时方法相对立。湖畔生活的乐趣之一就是从对时间的人为测量中解脱出来。《声音》一章事实上是对一天逝去的描述,以特别的声音为标志。那么梭罗对当前的投入不是在抹掉时间,而是更完全、更有效地认识到时间的推移和循环。

一天中的时间标志语多半是湖边栖居的生物发出的声音,是梭罗把自然的背景声音放到了突出的位置。他这样写道:晚班火车在7点半开过去以后,夜莺照例停留在他门旁的树桩上或屋子的横梁上唱半个小时的晚祷;夜枭在夜幕降临时发出悲痛的呼应;青蛙整晚都在发出如酒醉后的叫声。对于声音的关注意味着对湖边多样生命的关注,梭罗成了新的社区的一员。

融入这个社区复杂化的是费奇堡铁路发出的声音,其铁轨从湖边经过,离梭罗的小屋大约 500 码。梭罗看着早班车经过,心里怀着和观看日出时同样的感情,日出也不见得比它更有规律。把火车与早晨联系在一起,带有讽刺意味。早晨是神圣的完全清醒的时刻,用于思考和学习。火车的声音不断提醒他在某种程度上希望逃脱的商业世界的存在,他通常沿着火车轨道到村子里去,可以说,这是他和社会联系的纽带。毫无疑问,他宁愿没有火车的闯入,但他意识到火车的存在是对他的重要考验,考验他面对着现代技术和商业的扩展是否能专心恢复自然的生活。

在对火车进行描写时,梭罗承认操控火车的人值得钦佩,但他无法忽视这些技术带来的缺陷和限制。新技术下的生活挑战是鉴别力的挑战,要学会形成和追随自己的目标,尽管技术进步似乎会提供虚假的机会。梭罗强烈反对把目的和方式颠倒,认为不是铁路承载我们,而是我们承载着铁路。铁轨铺在沉睡的人身上,劳动者牺牲自己建造了它,但他们的牺牲似乎毫无意义,十分悲哀。

虽然铁路最初是陌生且危险的存在,是旅行中的半人半神,是吞云吐雾的前进者,是喷气如雷鸣的铁马,它的脚使大地震动,鼻孔喷出烟和火,但后来梭罗修正了最初的印象,认为无论铁路看上去多么陌生或非人类,事实上铁路是众多发明中最具有人类气息的,因为它在商业中的重要地位。通过描述火车多样的货物,包括棕榈叶、锈铁钉、破船帆、木材、西班牙皮革、牛群,他把火车与人类各种各样的经济活动联系在一起,把火车描述为是由人类决策控制的力量。他巧妙暗示了消费经济的奴役性质,宣称没有人一定要成为这项新技术发明的俘虏。梭罗说,铁路与他无关,他从来不去看哪里是它的终点。

火车不能改变梭罗生活的节奏,他沉浸于大自然的模式而不被打扰,火车变成了另一种生物,梭罗已经适应了它的模式。在提到周围的生物时,总是和时间紧密相关。他歌颂野生的印第安雄鸡的歌声,想象着在冬天的早晨,在群鸟栖居的林中漫步,倾听野生公鸡在枝头啼鸣,那清亮高亢的声音,在几英里的大地上回荡。这样的声音能使整个国家警觉起来,甚至是家养的公鸡的歌声也十分有力。勇猛的雄鸡在任何气候下都能生长,它甚至比土生土长的禽类还要本土化。它永远健康,声音洪亮,精神振奋。就像是雄鸡,梭罗已被驯化,但他在湖边的实验让他回到了自然的家,使他再次成为自然中关键的一部分。

第二节　事实的收集者

梭罗坚持认为文字是活着的话语,大自然的声音也是一种语言,这是他完善自我的一个关键步骤。阅读和写作成为精神实践的关键一部分,探索性的散步,田间的劳作,对大自然细节和过程的详细观察、沉思、幻想以及想象是进行体验的几个方面。这样的生活会不断推进认识的发展,使人变得更加清醒。

梭罗展示感知方面成就的主要途径是描述自然中的某一方面,并把这个方面看作更全面、更无尽扩展的相互联系的模式的例子。锄豆子的经历就是一个很好的例子,这个经历被他扩展成为多样和丰富生活的描绘。他的小块田地中包含了多个层次的时间和文化。几个其他重要的时刻也提供了类似的叙述模式,里面夹杂着细致的观察和全面的解释。

这些具有启迪性的经历中最突出的是《湖泊》一章中瓦尔登湖的拟人化,还有《冬天湖泊》中对湖的测量,《野蛮邻居》中对动物生活的描述,以及《春天》一章中的对沙叶的讨论。这些经历展现了梭罗敏锐的观察力和对周围世界的生动认知,此外这些经历中隐藏着他对特定现象进行全面解释的愿望。梭罗认为这些事实不是随意或独一无二的,而是暗含了更普遍的思想或规律。人们尊崇的是遥远的真理,在体制边缘的,在最远的星球背后的,在亚当之前和人类灭绝之后的真理。在永恒之中,确实存在某种真实的崇高的东西,但是一切的时间、地点和场合都是此时和此刻。上帝本身的伟大存在于现在,不会随着时间的逝去而更加神圣。

这样的构想不会贬低事实,也不会把对事实的研究置于次要地位,更不会阻碍归类、概括和建立体系的任务。梭罗认识到事实和理论是密不可分,将它们融合在一起的,对细节进行观察或仔细解读是全面有序知识的切入点。如果你面对一个事实,就会看到事实的两面都有阳光闪烁,仿佛它是一把短弯刀,你会感觉到它那可爱的刀锋将你的心脏和骨髓一分为二,你会乐意结束自己的人间生涯。梭罗对事实造成的死亡进行了奇特的歌颂,事实是一分为二的刀锋,在两面我们都能看到阳光,阳光代表了启示和力量。这两面是同一事实或物体的并列面,是特定的细节和涵盖一切的规律。我们实际上被一分为二,并同时看向两个方向,一面是事实的独特性,另一面是更广泛的信仰和准则。当事实向我们敞开或者事实将我们一分为二时,我们可以达成看似不可能的成就。

在梭罗对事实的搜集过程中,在对动植物进行经验式的研究中,我们一定要看到他对事实的颂扬和对自然界具体细节的关注,在此基础上他在进行更广泛的归类和理论化。他在努力解释宇宙的统一规律和构造,把经验式研究放在目标明确的框架内,这个目标就是要寻找关于宇宙本质和构造的统一理论。

梭罗在经验式研究方面的投入体现在他的观察笔记和动植物样本的收集中,这种研究把他与爱默生区分开来。大多数爱默生和梭罗的读者把梭罗看作更客观或典型的思想家,比爱默生在实践上更接近自然,在想象力和表达方式方面稍欠优雅。在梭罗去世后,爱默生带着稍许羡慕,称赞他在隐喻和生动描写方面的天赋。

罗伯特·库恩·麦克格雷格认为梭罗和爱默生的区别不仅仅是性情或风格的问题,还在于爱默生的理想主义哲学,这也是梭罗知识发展上的重大障碍。麦克格雷格认为爱默生的理想主义从属于物质世界,这种理论把自然缩小为几乎不存在的一点,同时贬低了梭罗真正的科学能力。通过贬低自然历史事实的重要性,爱默生把世界的一部分缩小为一个符号,而梭罗在其中拥有真正的知识。梭罗的发展就是要努力摆脱爱默生的理想主义,成为一个自然主义者。爱默生认为自然是理性的、说教的和至高无上的,从自然中我们可以获得理性和信仰。爱默生的自然观是观察者视角,他提倡在创作中静静地等待自然,去沉思,而不要主动加入自然,所以爱默生的自然观念是建立在主体与客体分离的前提下。爱默生的文学观念来自"人为宇宙中心"的哲学理念,因此自然应服从人的需要,服务于人,造福于人,因此自然其实被放到了人类仆从的地位上。相对而言,梭罗认为人与自然应展开直接对话,进而融合为一体。他主张回归自然而不是远离自然,因为后者让我们的眼睛充满美,让我们的思想发育道德。总之,人是由自然塑造的产物而不是自然根据人类精神被创造出来的。

这个问题很复杂,一方面是爱默生的影响,另一方面是梭罗的创新。爱默生的影响毫无疑问很重要,却又很难测量和估计。两人之间有很深的联系,存在共同的观点和目标,但同时他们之间也存在矛盾,他们逐渐背离和疏远对方。麦克格雷格还提出了一个问题,即爱默生的理想主义是如何以及在什么方面影响了渴求知识的梭罗?这个问题对于我们理解梭罗感知自然界的动机和方式很重要。在哲学上从属于物质世界的理想主义会变成梭罗与自然感知联系的复杂障碍吗?

爱默生提出了一个问题,即自然是否存在,他看似超凡的对自然的忽视看起来很特别,对当今读者来讲甚至有些邪恶。这些读者很可能对梭罗会有强烈的亲切感,因为他对自然界体验的生动描述以及他含蓄的对环境保护的支持。所以现代读者觉得爱默生的理想主义与梭罗的目标和要传达的信息是不相容的。

然而,梭罗在《论自然》中找到的并不是对现实、对物质世界独特性的否认,他发现了一个理论,这个理论赋予事实之间的相互关联。梭罗把柏拉图的理论、18 世纪的唯心主义,以及综合唯心主义和经验主义的新兴哲学带入了对《论自然》的解读中。《论自然》和布朗森的《新看法》出版时,梭罗是大四学生。他肯定在这些文章中找到了全新的、具有解放性质的经验哲学。早期布朗森曾指导过他，两人对德国唯心主义很感兴趣，而维克多·库赞的兼收并蓄哲学表明哲学和宗教即将有大的变化。唯心主义会转变为一个更大的哲学体系，一种兼收并蓄的哲学，保留了经验主义和唯心主义的价值观，这个理论出现的时候正值梭罗构建自己的文学使命时，梭罗明白了哲学的任务是在观察的同时推测，既要收集事实又要把事实合成更大的范畴和解释性体系。

梭罗对唯心主义的兴趣不仅仅是在模仿爱默生，他们对于唯心主义哲学试图回答的一系列问题都很关注，比如，许多经验的细节是否有明显的相似之处或者这些细节构成了条理清楚的模式？如何把世间万物看作相关的？意识如何理解物质？这些问题都是古老的哲学问题，它们向梭罗提出了一个全新的挑战。詹姆斯·卡博特在《日晷》杂志的最后一期发表了一篇文章，强调唯心主义是如何构建了现代思想的认识论基础。他写道：现代推理已经回归到最基本的人类科学的问题，其中首要的问题是人类可以了解任何事物吗？爱默生努力回答这个问题，他的结论是要想了解一个特定的事实，只能把它放在更广大的关系网中。这个结论带给梭罗活力。唯心主义一直处于超验主义者关注的中心，与此同时，梭罗却越来越投入到自然史研究中。

在《论自然》中，爱默生阐述了人、自然和精神三者的关系，指出宇宙包括自然和精神。精神无处不在，而自然是精神或"超灵"的具体象征，因此作家应回归自然获取启示和灵感。自然也是上帝的表象，我们可以通过直觉直接与上帝沟通。只有通过亲近自然的方式我们的精神才有价值和意义，而亲近自然的唯一方式就是身体与自然的结合。我们的生命与自然之灵相通而我们的精神应该追求真理和情操。梭罗的观点深受爱默生的影响，认为精神是宇宙间最高级的存在方式，是神秘的、无处不在的和无所不包的。精神存在于自然界本身，"万物皆有灵"。梭罗赞同爱默生关于自然本质的文学观点，认为自然是宇宙精神物化的表达方式。他强调，自然是宇宙精神的衍生物，自然精神与人之精神是相通的。自然本质不是感官经验,而是无处不在的精神的外在形态,因此文学作品应该体现这样的统一和谐。

爱默生倡导的不是让自然消失的唯心主义,而是让自然充满活力的唯心主义,这也是梭罗认真阅读《论自然》的原因之一。在这种理论中,物质拥有不断变化的力量,自然不再是固定和静态的。梭罗是一个认真的读者,他不会错过爱默生和正在消失的自然形成悖论的有细微差别的讨论。爱默生所描绘的唯心主义,是感知上的根本转变,是用动态的世界取代静态世界,用和我们具有相同根本特性的世界取代疏离的世界。他真正的目的是要赋予自然意义,让人类和自然关系密切。自然的现象特征表明它是动态的,暗含了一种反映人类本性的进步的动力。自然不是固定的,而是流动的。人类精神改变、塑造并造就了它。世界为你存在,为了你一切现象才变得完美,这句话与其是在说明自然的从属地位,不如说是在宣称自然与灵魂的和谐,世间男女都成为自然现象的关键组成部分。

自然是不断变化的、多样的现象,包含了各种各样的关系。这种认识使我们更深入、更安全地融入真实的世界,而不是与之疏离。智慧永恒的标志就是从平凡之中看到奇迹。梭罗有好多疑问,比如一天是什么,一年是什么,夏天是什么?……关于通常经历本质的疑问是最深刻的疑问,展现了自然现象相互联系的框架。面对事实就是面对世界,把特定的事实看得清楚,但不要孤立它们。《瓦尔登湖》最重要的经验就是把观察和综合推理相融合。

第三节　整体的构想

梭罗对于事实的颂扬和《瓦尔登湖》一书中展示的详细观察结果,虽然富有洞察力,具有重大的哲学意义,但都揭露了他不断增长的自我怀疑,这种怀疑是关于知识发展和推断力的怀疑,有时他觉得知识逐渐枯竭。他倾向于进行更细致的野外观察和数据收集,但又怕变成一个信息的收集者。1851年8月,在对手稿进行最后修改之前,他承认了自己努力控制自身不断占主导地位的经验主义的一面。他说,他害怕看到的只是细节,不是整体,也不是整体的影子。他获得的不是如天空般广阔的观点,而是缩小到显微镜观察到的领域。列举几个事实后,就说"我知道了",这让梭罗感觉到某种欺骗,因为这样的认识不是真正的、更广大的信仰和准则。虽然他对自然界的细节越来越着迷,但他一直怀疑在获得细节的同时会失去灵魂。

19世纪40年代末50年代初,当梭罗直接参与哈佛大学科学研究时,观察细节和追求整体性之间的矛盾变得更加尖锐。1847年,路易斯·阿加西斯开始努力塑造哈佛大学在科学界的地位,并一心投入特定物种的特殊创造理论中。他的理论与达尔文的进化论正好相反。他开始努力去收集并保存大量的动物样本,并招募了众多野外观察人员来收集样本,梭罗就是其中一员。1847年梭罗用了一个多月时间去狩猎,这是他在瓦尔登湖畔的第二个春天。他兴奋地把湖边的"朋友和邻居"抓住、保存并运送到哈佛的科学展厅。虽然他似乎很快就对这样的工作失去了兴趣,并且回归到他在湖边的文学事业,但这次经历对他有明显的影响,给他提供了参与系统化科学观察和收集活动的机会。他对这项活动有很大的顾虑,但这样的工作使他在野外更加警觉,观察更加敏锐,他慢慢远离了宏大的、抽象的超验主义,走向对自然界细节的认真观察,走进自然界无法解释的多样性。

毫无疑问,梭罗十分擅长野外观察、数据收集和记录,以及样本采集,但令他不安的是这些工作的最终目的。在一次问卷调查中,有一个问题是:你最感兴趣的是哪一门学科?他无法回答,觉得自己既是一个神秘主义者兼超验主义者,又是一个自然哲学家。这种双重身份之间的矛盾不断尖锐化,梭罗一直想要平衡并最终调和这个矛盾。

在他热衷于收集事实的同时，他对印度教经典的兴趣复苏了。詹姆斯·卡博特在 1848 年写了一篇文章，是梭罗探索印度教经典的动力。他把印度教经典看作唯心主义思想的有力确证，并开始他的广泛阅读计划。他完全沉浸在印度教经典中，《瓦尔登湖》一书中也多次提到这点。卡博特的文章收录了印度教充满了推测智慧的片段，这些片段代表了把宇宙理论化的努力，而这种努力与梭罗的关注不谋而合。在比较早的《吠陀经》中，几乎没有任何强烈的宗教意识的痕迹，接下来《薄伽梵歌》中印度教的推理达到最高点。卡博特认为《薄伽梵歌》是印度教形而上学的核心，把事实缩小为纯粹且抽象的思维。梭罗认真读了他的文章，抄写了很多引言。里面涉及关于感知的论述，即通过感知行为，将孤立的部分和最初的整体结合在一起，这是一个统一化的过程。当然，对个别事实感知的最初结论肯定会和整体有差异，这个差异慢慢会消除，个别事实会融入整体中。经验式的事实积累是一个阶段，最终目的是要解释包罗万象的自然整体。当梭罗沉浸在事实世界的时候，他对唯心主义的兴趣也在不断更新，印度教经典使他的兴趣进一步增强。

很明显，梭罗对经验式科学的关注并没有削弱他对唯心主义的兴趣和坚持。当然，他对事实和细节也越来越充满激情，逐渐远离了哲学猜想，但他害怕失去看到"整体"的能力，所以他坚持把具体的观察推向包容一切的理论。在他修订和扩展《瓦尔登湖》手稿时，这种恐惧和担忧一直困扰着他。

梭罗一直努力协调细致的经验主义和追求统一整体之间的矛盾，并且经历了对自己感知能力的信心危机。他害怕感知能力被削弱，认为如今的体验没有一个达到儿时的水平或者与儿时的体验相当。生活是在遗忘，这声哀叹之下隐含的是一种对很难实现的体验的渴望，在这种体验中，自我和自然的界限消失了，人类经历了一种不同寻常的和谐与升华。梭罗说，从前，他认为自然和他一起成长，一起发展。在失去感官之前的青春岁月，他充满活力，感到十分满足。大地是最壮丽的乐器，他是听众，那种体验令人向往。把健康和青春与自然界相联系的同时,他也意识到如今他与自然的关联在减弱。

梭罗该如何践行和描写他的自然生活呢?简单而真诚地描写自己的生活变得令人困扰。

梭罗在 1852 年左右能够完成《瓦尔登湖》的写作,是因为他在作品结构的感知上有了重大突破。这本书从一开始的日记和讲座到最终出版,经过多次修订,这个过程包含了他对自然界以及自我在自然界中位置进行哲学思考的努力。他是如何应对想象力的削弱呢?《湖泊》一章中,他对瓦尔登湖丰富的象征性特征进行了分析,他的策略是描写真实的感官感受,同时也会产生不断扩大的信仰和准则。瓦尔登湖是一个人,非常纯洁,永远年轻。梭罗赋予它人类的特征,如眼睑、嘴唇,而且他和湖之间的关系是朋友关系。这样的写作手法把想象力生命注入自然,也促使梭罗努力把自然神化。湖的人性化使自然充满活力,同时也是对湖边生机勃勃景色描写的高潮。那里有唱歌的牛蛙,有早先开拓者的来访。

瓦尔登湖的象征意义有很多。这一方小小的湖水在梭罗的文章里几乎可以象征任何精神上的、哲学上的,以及人本身的东西。它位于森林深处,远离尘世,让人可以抛掉所有的凡事纷扰,与青山碧水为伴。它象征着大自然的生命力和安静祥和,也代表着自然的可知性和不可知性。湖的象征意义在某种程度上很清晰,尤其是当梭罗把湖比作一面镜子的时候。大地代表着物质世界,天空代表着精神世界,而湖就是这物质世界和精神世界的媒介,像一面镜子一样反射出熠熠的光芒。"……瓦尔登湖是森林中的一面十全十美的明镜……再没有什么像这一个安卧在大地表面的湖沼这样美,这样纯洁……这一面明镜,石子敲不碎它,它的水银也永远擦不掉,大自然经常地在那里弥补它外表的装饰,没有风暴,没有尘垢能使它常新的表面黯淡无光……这一面镜子,如果任何不洁落在它的表面,马上就会沉淀。"仿佛觉得这样的赞美还意犹未尽似的,梭罗又说:"这样的湖再也没有比这时候更平静的了……湖水充满了光明和倒影,成为一个下界的天堂,更加值得珍视。"在这里我们可以看出瓦尔登湖在梭罗的眼里就是一个唾手可得的人间天堂,从他的字里行间,我们不难读出他对这湖的崇拜景仰之情。"这湖当然是一个大勇者的作品,其中竟无一丝一毫的虚伪。""我不可能更接近上帝和天堂,甚于我之生活在瓦尔登。"该章的结尾处更是大发感慨:"说甚天堂?你侮辱大地。"人间不逊于天堂,人们可以处处感到天堂的存在,它就在我们的脚下,就在现在。但需要的是一双善于观察的眼去观察,一颗善于挖掘的心去挖掘。

通过拟人手法,梭罗努力用湖以及周边风景来扩大我们平常的认知,此外还有大量的叙述性篇章作为补充。虽然湖面积不大,但通过他认真的语言的重建,湖边风景令人印象深刻。他对湖岸线以及湖水色彩变幻的观察有助于我们找到自我的位置,开始和他一起来看这个世界。最微妙的是他对于平静湖面的观察,湖面的空白引发了他无尽的联想。

在一个安静的九月的下午,梭罗描述了他对湖面的特别的视觉印象。透过薄雾,对岸的轮廓影影绰绰,往下看,湖面像一条细细的薄纱线,伸展穿过山谷,将大气层分隔开。让人觉得从它下面能走到对面的山上,衣衫不会被打湿,飞掠而过的燕子也能在上面停留。视角的转换表明湖泊就是自然中不同因素的连接点,把大地、水、天空连为一体。平滑的湖面是一种媒介,最微小的存在和最细微的活动由此被揭示出来。湖面确实平滑如镜,只有长足昆虫在水中滑行。它们隔着同样的距离布满整个湖面,使水面发出可以想象到的最美丽的闪光。也许会有一只野鸭在整理自己的羽毛,或者一只低飞的燕子掠过水面。也许在远处,一条鱼在空中划出了一道三四英尺长的弧线,在鱼跃出的地方有一道明亮的闪光,入水的地方又有一道闪光。湖面上漂着蓟草种子上的冠毛,鱼儿向它冲去,在水面激起涟漪。

这种认真观察与诗意表达的文章是《瓦尔登湖》一书中的伟大成就之一,但除了引人入胜的视觉印象,湖面被描述为一个认知媒介,作为水和天——两个不同领域的分界线,水面也是这两个领域相结合的地方,记录并理解着每一个这样的事件,感知通过易受影响的湖面展示出来,这是一个融合统一的过程。一片水面显露出空中的精灵,他不断从上空接受新的生命,获得新的动作。水面上空的精灵当然是风,这是物质与精神的结合。

水晶一样的湖水,纯净无瑕,象征着人类道德本质的纯洁。在《冬天的湖泊》中,梭罗就提出了这样的疑问:"湖面这样小,而有这样的深度,真是让人惊奇……难道它不会在人类的心灵上反映出来吗?"人在宇宙中是渺小的,可人却可以去探索茫茫宇宙的秘密,虽然不能很全面,可毕竟也是很伟大的过程。大自然的一切都是有规律的。湖况且如此,在人类的道德伦理上又何尝不是如此?梭罗指引着我们善于观察人心,探求人的性格的高峰和低谷,"如果他的周围是多山的环境,湖岸险峻,山峰高耸,他一定是一个有深度的人。可如果是一个低平的湖岸,就说明这人在某一方面也很肤浅"。这样的对比何其精妙,又何等贴切。梭罗就是这样擅长从大自然中获取精神和伦理上的启示,因为他已经把自己与大自然融为一体了。

在《冬天的湖泊》一章中,他谈到冰冻的湖面,并再次强调了湖是认识能力的化身,它包含了物质和精神,事实和规律。早晨,他劈开冰来获得新鲜的水,这是最令人难忘的抒情时刻之一,肯定了湖泊自然生命的永恒存在和必然回归,同时也展示了内心生活的重要性和可利用性。他劈开冰,看着下面鱼儿安静的起居室,弥漫着柔和的光,好像光是透过一层磨砂玻璃照进去的,明亮的沙质湖底和夏天时一样。面对这样宁静的风景,梭罗发出感叹,天堂在他头顶,也在他脚下。当他开始测量湖泊时,湖泊带给他一个启示,既满足了他的好奇心,也反驳了湖泊深不可测的说法。他测量并记录了湖的深度,用可以测量的事实反驳那些无底的说法,同时得出一个结论:事实可以通向规律。

他发现湖横向和纵向的两条线的交点正是湖的最深处,由此梭罗认为他发现了一个规律,可以用来确定任何湖的最深处。当然事实不是这样的,但他渴望让瓦尔登湖成为一个具有代表性的实体,他需要把他的观察工作看作在寻找更广、更具有兼容性的模式和规律。如果人们知道大自然的一切规律,那么只要一个事实或者一个现象的描述,就能够推断出具体结果。梭罗说:"我们关于规律与和谐的看法一般都局限在我们已知的那些事物上,但是我们未知的规律数量要大得多。它们看似矛盾,但其实是一致的,由此产生的和谐更为奇妙。特殊的规律都是出于我们自己的观点,就像一个旅行者,每走一步,山的轮廓都有变化。山绝对只有一个形状,却有着无数的轮廓。"梭罗相信无论自然如何多样化,它都绝对只有一个形状。

在梭罗对自然的观察中,最令人印象深刻且影响深远的是对沙叶的著名论述,解冻的泥沙形态表明了规律的运作方式。这些规律控制和影响了自然界,包括人类在内的生长和变化。一个微小的、看似不重要的事让我们了解了整个自然体系。这一篇章被普遍认为是《瓦尔登湖》中最重要的场景,并且被很多人认真研读,详细分析。戈登·布德罗用一些细节表明沙叶这一篇章是对复活之谜的终结性陈述,解冻的泥土象征着诞生,也是一种话语。罗伯特·理查森要求人们关注梭罗的那句感叹"所有一切都是有机的",说明他认识到规律的一体化可以解释所有的物质现象,使这些现象充满活力。理查森把梭罗对沙叶的描述与解冻的沙流联系在一起,这是冬天结束的标志。这种对生命成就的重要领悟使梭罗部分摆脱了 19 世纪 50 年代初的迷茫和沮丧。他的情感随季节变化而变化。《瓦尔登湖》的《春天》一章包含了令人激动的流动的泥沙的描述,最终肯定了沙叶而不是化石,肯定了自然事实而不是历史遗迹,肯定了生命而不是死亡。

梭罗对沙叶现象详细且复杂的描述,再加上他的领悟力和洞察力,使这个篇章成为阅读活动的成果之一。他承认沙叶带给自己快乐,当他展开他的描述时,到处是充满爱的细节,表现了他目睹生命起源时的欣喜若狂。大地活生生的诗歌表达了事实与规律的融合,大地本身就是一首诗,梭罗是读者。他在荷马那里付出的辛劳以及对于日记的投入就像季节循环，是自然的且必然的，也是更宏大计划的一部分。梭罗写道，就在沙子里，你可以预知植物叶子的出现，怪不得地球以叶子的形式作为自己的外在表现，因为这是充斥它内心的意念。原子已经学会了这个规律，并孕育出了果实。

第六章　野性的感悟

第一节　自　立

　　《瓦尔登湖》中关于不断变化的自然风景的描述具有即时性和密切性,这就使人们感到吃惊,因为这本书大部分是根据回忆写的。它能成为自然作品的经典,季节变换的结构安排是很重要的原因之一,但这种安排是在后来修订时才补充进去的。通过对之前的手稿进行研究,可以看出这本书的中心在长期创作和修订过程中逐渐发生了变化。从社会批评到对自然启迪的歌颂,这种变化反映了梭罗环境意识和生态观点的深化。而同时,作为作家,他获得了主题和写作动力,也可以脱离他的职业困境。在《瓦尔登湖》一开始的章节《经济》一章中,他追求简单和自立,这一点对他不断扩大的目标很重要。

　　离开湖畔,回到康科德之后,梭罗仍然努力进行文学尝试,事实上,他变得更加努力。从 1847 年底到 1848 年初,当他还在扩展和修订《河上一周》时,就已经找了一位出版商;当他在湖边居住时,就已经开始一系列关于湖边生活的讲座。1849 年,《瓦尔登湖》一书的第一稿完成。1849 年春天,他发表了最有影响力的散文《论公民的不服从》。

　　虽然爱默生不在,但他还是对梭罗造成了压力。梭罗的文学抱负是真诚的且自发的,但爱默生希望以自己的经验影响梭罗。爱默生把许多精力投入讲座当中,在英国巡回讲座期间,他寻找机会为梭罗安排类似的巡回讲座。爱默生认为他的书是他在英国得到认可的关键,所以他认为梭罗必须把《河上一周》刊印出版,以此打开巡回演讲的大门。1849年,梭罗的《河上一周》出版,这本书销量极差,而爱默生也不像以前那样宽厚和热忱,甚至对此书的缺点进行了一些荒唐的批评。梭罗被弄懵了:"我写了一本书,并请我的朋友提出批评,结果除了一篇赞词之外我什么也没听到——后来朋友和我疏远了,我又因为书中的缺点被贬得一无是处。"所谓的赞词指的是友谊破裂之前的事情,"当我的朋友还是我朋友的时候,他只是恭维我,我从来听不到半点真相——而当他成为我的敌人时,他却把真相附在毒箭上向我射来"。虽然梭罗在这里没有点爱默生的名,但言辞已激烈到"敌人""毒箭"这样的程度了。爱默生当然也有颇具伤害性的话:"说到友情,梭罗和我是不同类型的人。我宁愿抓一根榆树枝,也不愿意去挽梭罗的手臂。"并且调侃道:"梭罗没有食欲实在是件不幸的事,他既不吃也不喝。一个分不清冰激凌和白菜的味道、连白酒或啤酒都没尝过一口的人,你还指望和他有什么共同之处呢?"

　　然而,梭罗同时也发现他的个性很难与爱默生区分开。1848年11月,他在塞勒姆做讲座,结果一位评论家却说他与爱默生极为相似。在评论家眼中,梭罗与爱默生不仅观点相似,而且说话语调、外表也很相似,这种相似也引发了剽窃的质疑。好在梭罗的讲座提供了足够的证据表明他是原创者。

　　《河上一周》出版后,销量惨淡,这一情况使梭罗与爱默生之间的关系复杂化。这个结果给梭罗带来了情感和经济上的打击,也使他与爱默生关系紧张,而爱默生在一定程度上要为这个失败负责。出版商似乎在推销这本书时不够用心,公众对这本书知之甚少,在这种状况下,失败在所难免。虽然爱默生的鼓励、影响和榜样是十分宝贵的,帮助也十分慷慨,但梭罗开始明白太紧迫地追寻爱默生的脚步注定会失败。在回到康科德之后,虽然他还在进行和爱默生风格类似的文学尝试,但他从瓦尔登湖畔带回自立的精神,带回了对自己文学生涯和生活的新认识。

　　梭罗思维的发展可以从他写给布雷克的信中看出来。布雷克是他的忠实读者,从 1848 年开始与梭罗书信往来。两人对于传统的职业道路都表示质疑,布雷克也放弃了牧师职位。从布雷克身上,梭罗似乎觉得找到了倾诉对象,可以倾诉那些无法与爱默生讨论的关于职业和身份的问题。梭罗说他目前靠野花度日,来自大自然的阵阵花香支撑着他,使他看似贫穷的生活变得富有。那一年几乎每天下午,他都会散步。他会去几英里外的山上或湖边游览,并且对眼前僻静之处的美景惊叹不已。他很少遇到别人,也从没看到有人和他做同样的事。

梭罗的生活方式达到了一种平衡,一种文学创作、家庭责任和探索自然之间的平衡,这种生活取代了他在瓦尔登湖畔的孤僻生活。这种新的生活方式既让他找到了在家庭中的位置,又为家庭生意做出了贡献。1843 年从纽约回来后,梭罗改进了家族的铅笔制造工艺,而且获得了出人意料的成功。在铅笔制造上梭罗是可以申请专利的,是他从苏格兰百科全书中得到启发,用巴伐利亚黏土混合石墨,生产出更精细的石墨粉,改进了铅笔芯的质量,并设计出钻机,铅芯可以直接插入铅笔,而无须切开木条,还制定了铅硬度的等级划分。几年后,印刷工发现质量卓越的梭罗铅芯完全适用于电铸过程。一家人的收入大大增加,他们不再制造铅笔,而是直接把铅粉卖给印刷公司。梭罗一家购买了康科德的一幢大屋,并且进行了翻修。翻修完之后,梭罗选择了阁楼,这是他进行研究的私密空间,也可以用来存放书籍以及他收集的手工艺品和自然样本。梭罗这时才意识到他对自然生活的追求似乎是从这幢大屋开始的。

梭罗在寻求一种职业,能让他不依赖于文学市场,远离朝九晚五的常规生活。于是在 1848 年秋天,他决定培训自己成为一个勘测员,同时他还积极进行演讲和修订《河上一周》。他决定和家人生活在一起,并且为家族生意做出贡献,这种职业道路的选择和爱默生为他规划的道路有明显的不同。梭罗想避开作为演讲者和杂志作家带来的认可和回报,他想获得更大的自由。

爱默生对于梭罗的选择感到失望,他们的关系也开始疏远。

爱默生文学声望的不断提高以及他在英国巡回演讲的成功加剧了他们之间的矛盾。爱默生回来后变了,染上了伦敦俱乐部会员的一些习惯。这种行为和职业抱负的冲突使他们之间的关系进一步复杂化,引发了不和,两人为此也十分痛苦。

爱默生觉得梭罗远离他,很可能会错过去英国的机会,他经常对梭罗表示赞赏,又不得不承认他们之间的差别。但是这并不意味着他们之间友谊和尊重的消失,他们也想努力恢复从前的亲密关系,但他们的确走向了不同的方向。爱默生不再是导师和榜样,他和梭罗曾经以英国为话题进行了长时间的交谈,却无法达成一致。爱默生觉得在英国能取得更大的成就,而梭罗认为在英国只会受到束缚。

梭罗思想的变化在一定程度上来自他在林间田野的散步。1846 年秋天,在瓦尔登湖畔住了一年以后,他第一次到缅因州的旷野远足,并且爬到了卡塔丁山顶。他以这次经历为主题写了一篇令人难忘的散文。19 世纪 50 年代初,他正在进行《瓦尔登湖》手稿的第二阶段的修订,夜间散步被纳入了他的生活模式。在月光下探索康科德周围的风景,在日记中记录下散步时的感想,把一些经历变成他的讲座。无论是散文还是讲座,都从一个新的角度向梭罗展示了自然界,使熟悉的景物变得陌生。卡塔丁周围的风景和瓦尔登湖畔的大不相同,同样康科德的景色在夜晚的时候似乎也发生了改变,变成了一个全新的、不断变化的世界,既令人不安又令人激动。这两种经历展现在梭罗眼前的是荒凉且野蛮的自然界。

第二节　荒野的魅力

梭罗把登上卡塔丁山看作一次充满启迪意义的旅程,他不仅看到了充满野性的自然,而且认识到一种力量,这种力量不易被他的想象力左右。深沉如海的自然不会以普通或预料中的方式给人以启示,梭罗意识到自然界比他以前所知的更丰富,也更令人困扰。自然不会提供一种简单的生活或认知模式。

虽然卡塔丁山之旅主要讲述的是精神追求,登山的过程就是一次启迪之旅,但梭罗也描述了其他的相关经历。他描述了边远落后地区居民的生活以及木材厂如何开发这个地方的白松林。从乡村生活到边远地区移民的小屋,再到原始的伐木帐篷,梭罗对这种生活方式十分着迷,渴望观察自然与人类是如何互动,如何互相渗透的。他循着这些定居点走入旷野,发现这里的人们独自生活在自己盖的小屋里,周围一英里之内没有任何邻居。这是他向往的生活环境。

在瓦尔登湖畔,梭罗致力于再次创造人类文明的基础。他发现缅因州偏远地区的居民,他们的农场和小屋在旷野边缘不断推进。他对一个农场的研究是一种最生动的认识,这个农场位于一条长达 7 英里的路上,是那片区域唯一的一个农场,这种孤立的状态令梭罗印象很深刻。他无法抑制好奇心,这个地方是努力开拓旷野的代表。他爬上篱笆,看到的是一片新的田野,种着土豆。拔起藤蔓,下面是大个的即将成熟的土豆。土豆像野草一般蔓延,芜菁掺杂其中。他注意到了土豆生长在木材燃烧过的地方。开辟和种植的模式是:先砍树,再把这些树烧掉,然后用锄头在树桩和烧焦的木头之间种下土豆,灰烬被当作肥料。第一年根本不用锄地。到了秋天,再砍树,再烧,直到土地开辟完毕。土地准备好之后就可以种谷物,撒种子了。

这种破坏和浪费可能会使现代读者感到震惊,梭罗也有此感受,但留给他的印象却很深刻。我们应该记得,他在瓦尔登湖畔的暂住也算是一场农业试验。在这些茂盛的土豆身上,他发现了将来社会发展的预兆。既然有些移民可以付车费去纽约或波士顿,难道就不能多花五美元来这里吗?想多富有就有多富有,土地的使用几乎不花钱,自己盖房子,人们可以像亚当那样开始生活。在这里,梭罗把西部扩张的观点融入叙述当中,人们不禁要问:"这是一次逃离文明的旅程还是扩展文明的旅程?"

梭罗特地描写了一大片森林,这片土地刚被砍伐过,烧过,还在冒烟。这个场景像是一场大屠杀。树木都躺倒了,有四五英尺长,交叠在一起,像木炭一样黑,但内里完好,仍然可以用作燃料或木材。很快,这些树会被锯成几段,再次燃烧。虽然梭罗对这样的破坏感到惋惜,但他惋惜的是木材的浪费,而不是破坏树木或风景。他觉得这些木材足够让波士顿和纽约的穷人整个冬天都很暖和,但它们倒在了这片土地上,倒在了移民前进的路上。那片茂密的森林注定会被大火吞噬,就像被剃了光头,没有人能靠它取暖。梭罗不希望森林消失,但同时又看到了它潜在的商业价值,同时他也预见了人类文明进程中无法避免的破坏力。

他的叙述中融入了对自然和文明的双重拥护。有时我们会忘记一点,就是他不是独自一人在旅行,他的看法会受到同伴的影响。其中有次旅行是他的表亲乔治发起的。乔治是个木材商,想要检查一下位于佩诺布斯科特河上游的一个水坝,和他们同行的还有很多从事伐木的人。所以梭罗看到的全新的乡村都贴上了经济的标签,他的探索和发现的行为与土地的占有和殖民交织在一起。他看到树木被加工成各种板材,森林化作商品,他称之为亚当式的英雄主义行为。对此行为,他既感到绝望,又带有强烈的兴趣。他着重描写了一个伐木营地,那是一个人类最后的聚居地,那些临时搭建的古朴的小屋代表了人类与旷野的结合。梭罗对此十分着迷,认为这些小屋是真正的森林小屋,充满生气的绿色原木堆积起来遮风挡雨,上面悬挂着苔藓和地衣,以及黄桦树皮的卷状和流苏状纤维,里面满是树脂,新鲜,湿润,使人联想到沼泽的味道,上面生长的菌类表明这些房子的活力和古老。小屋来自自然,驯化后为人类使用,而那些人类在某种程度上被自然化了。小屋代表了人类与自然的接触点,告诉人们在自然中如何生存,这也是梭罗在湖畔小屋中一直想要回答的问题。但是这些小屋的存在是由木材贸易决定的,它们既象征了人类与自然的协调,又象征了人类对森林的入侵。每一根原木上都刻有主人的名字,森林被占有了,每棵树的命运都刻在树皮上。

对于人类对森林的入侵,梭罗很好奇,在某种程度上这种边境生活也令他感动。但他真正的主题存在于对卡塔丁山的描述中。1846年9月,还在瓦尔登湖畔居住期间,梭罗携友人第一次游览了缅因州的森林,并攀登了缅因州最高的卡塔丁山。梭罗于1853年和1857年又重游缅因森林,这三次的游记后来被他合成《缅因森林》一书。在缅因,梭罗见到了真正的荒野,深为原始林区雄浑荒芜的气势所震撼,他写道:"这里的自然是某种美丽但却野蛮、令人生畏的东西。我惊异地看着我所站的地面,想看出造化之力在那里的杰作,它的作品的形式、款式和质料。这就是我们所听说的大地,是从混沌和古夜中造出来的。它不是任何人的花园,是一个未经人手的地球。它不是草坪、牧场和草地,也不是林地、草原、耕地和荒地。……它是广袤的、骇人的物质,不是我们所听说的人的地球母亲,不是人的涉足或葬身之处……而是必然性和命运的家园。"关于这种震撼对于梭罗思想发展的意义,传统的观点认为它使梭罗开始把荒野视为邪恶产生之地,转而欣赏更舒适的浪漫主义的自然,强调荒野和文明之间的平衡,也有人认为它标志着梭罗对荒野的兴趣的觉醒。生态哲学家马克斯·奥尔施莱格认为这次经历使梭罗认识到人类对自然的绝对依赖,有助于使梭罗摆脱爱默生的人类中心论,从而对自然采取一种生态中心论的立场。

当他靠近卡塔丁山时,看到山顶笼罩在云中,像是一个黑暗的地峡把天与地连接起来。之后不久,他从营地出发进行了一次月下散步。这是一次富有诗意的散步,与他平时实地观察并且偶尔讽刺性的评论极为不同。在月光下,细小的沟壑充满野性,平静光滑的湖面冲刷着新世界的边岸,黑色怪异的岩石四处冒了出来,这个场景有一种严肃且柔和的野性美,给梭罗留下深刻的印象。更具诗意的场景来自河边钓鱼,这条河距离卡塔丁山顶有12英里。他们刚扔下鱼饵,鳟鱼就咬钩了。这些鱼大批出现在岸边,闪着光,像最美丽的花朵。梭罗被这种美丽的野性感动,甚至梦中都梦到了钓鱼的场景。

梭罗在破晓之前起床,看到月光下卡塔丁山清晰的轮廓,唯一能打破这片宁静的是急流的波涛起伏。大山是他的精神追求目标,月光唤起了他丰富的情感,背景中小溪在呼应,这是一个具有超凡魅力的时刻,在这个时刻,梭罗的想象力被激发了出来。

在其他人寻找宿营地的时候,梭罗抛开团队的其他成员,心血来潮尝试登上山顶。他走过一片崎岖不平的田野,田野中长满了矮小的树丛,树梢平平地向外延伸。它们的叶子是蓝色的,因为寒冷而打蔫了。这片树丛覆盖了布满石头的区域,这些粗糙的枝条是这座山上有机物生长的上限。这条路走起来十分艰难,植物的生长没有规律。当他走进接近山顶的一片石头区域时,眼前是几乎无法穿过的云雾,他不得不停了下来,无法到达山顶。这次登山尝试的失败使他第二天登山的欲望更加强烈。虽然团队一起出发,但梭罗很快就超过了其他人,独自一人爬向云雾笼罩的山顶。他身处"满怀敌意"的云雾之中,所有的物体都被挡住了。他感到无能为力,广阔强大、冷酷无情的自然使他处于劣势,把他困在其中。他身上神圣的天赋似乎被偷走了,出现了感知危机,他的精神追求似乎以失败告终。

第三节　不可控的自然

有关卡塔丁山的叙述包含了对伐木技术的评述,对景色的描写,更重要的是梭罗梦想的逐渐动摇。壮观的缅因森林处处是人类的占有和开发的痕迹,梭罗希望在卡塔丁山顶达成想象力的极致,结果却被大自然的野性阻挡,无功而返。当梭罗和他的团队下山时,走过一片烧焦的土地,这片地区被闪电引发的火灾烧毁了,一片荒凉,充满野性。偶尔有树丛点缀其中,低低的杨树如雨后春笋般生长,到处是成片的蓝莓。这片空地缺少野性,让梭罗想到了康科德的牧场。他身处其中,感到熟悉,就像某个逐渐荒废的牧场。但这是一个与人类完全隔绝的地方,而人们却习惯性地假设人类的存在和影响。这里不是人类的花园,不是草坪,也不是牧场,不是耕地,更不是荒地。梭罗好像第一次认识到真实的地球,在言语讲述中充满了敬畏。

梭罗的确想要紧紧抓住自然,结果却被自然玩弄。他无法对自然进行全面且卓越的感知,这一点爱默生早已意识到了。爱默生曾经坦白承认,人类只有有限的方式处理感知瘫痪的状况。即使感知能力有限,行动也可以继续进行,人不能就此瘫痪。认识到自身能力的有限是实用智慧的开始。人类渴求知识,由此而来的控制欲肯定会遭遇阻碍。人类获得进步有时是上天所赐,是一种感悟,这种感悟人类并没有苦苦追求,日日向往。生活是由一系列惊喜构成的,在这些意料之外的感知飞跃中,人类在世界中的孤立状态被打破了,与世界的联系重新建立。这种发现很新鲜,不以人的意志为转移。

在缅因州旷野中,面对一片未被探索过的土地,梭罗觉得既熟悉又陌生。这种与熟悉事物的疏远以及从中获取力量的努力把他在卡塔丁山的经历与 19 世纪 50 年代初期一系列探索性的且具有启发性的经历联系在一起。这些经历是梭罗在康科德周围树林和田野中的夜间散步。他的描述中带有敬意,带有高度的想象力,表明熟悉的野外有时也会让人产生陌生感。虽然梭罗从未完成或发表关于这些经历的作品,但在 1854 年 10 月,在《瓦尔登湖》出版大概两个月后,他进行了以“月光”为主题的讲座。这个讲座是他“行走,或去野外”一系列讲座的一部分,我们对于梭罗最后十年的了解很多是来自这些讲座。

月光下散步带来的启发与卡塔丁山的经历截然不同。下山的过程出人意料,令人困惑,同时又富有启发性,令人振奋。夜间散步带来的是更加平静的缓慢展开的经历,没有特定的关注点或转折点,只有笼罩一切的月光的变化。1852 年 9 月的一个晚上,梭罗出去散步。那是一个暖和的夜晚。他穿着一件薄外套,沿着路走着,听到苹果落地的声响,遇到了很早就赶去市场的人。他没有听到夜莺或其他鸟类的叫声,也看不到萤火虫。他只听见鸟儿展翅飞过和河边草地青蛙的叫声。夜晚露水很重,当他回到家时,鞋上沾了很多泥。

　　苹果落地和鸟儿扇动翅膀的声音因夜晚的安静和黑暗被放大了,梭罗比平常更警觉,看到的风景既熟悉又陌生。夜间散步并没有卡塔丁山的经历那样刺激,但以不同的方式给他带来了新的发现。这样的散步同样具有启发性,这种启发性来自与周围风景全新的不同寻常的互动。

　　白天散步主要是对动植物的野外观察和样本收集,夜间散步则会呈现梦幻般的特质,似乎阳光的缺失释放了他更具有想象力、更有诗意的自我。

　　月光下,康科德的旷野充满了意料之外的未知和野性,夜间散步成了一种具有挑战性的不同寻常的感知训练。这片白天熟悉的旷野在夜晚带给他完全不同的体验,引发了他极大的兴趣。他努力且执着地用更加深刻、更发人深省的方式欣赏那片风景,欣赏那种陌生。梭罗描写了夜晚的神秘、富饶和美丽,暗示了被抑制的性爱渴望。这是月下散步的一种潜在情绪。散步是孤独的、私人的,梭罗很少遇到其他人,但这种孤独也正是梭罗的处境。《河上一周》的主题之一是友谊,而他在 19 世纪 50 年代初期的日记中处处显露出一种孤独感,主要原因当然是他与爱默生之间的复杂关系,但那只是造成他个人失落感的部分原因,这种失落感使他很痛苦。1851 年,当他 34 岁时,他的生活几乎完全没有展开,仍处于萌芽状态。他的理想和现实之间总有差距,他有社会本能,却没有融入社会。他自怜、沮丧,又带有自我批评的意味。他似乎意识到高的期望和严格的标准导致他在处理人际关系方面存在很大的问题,但他又不愿而且不能降低对于友谊的标准。有时,他对其他人的失望会发展成为一种轻蔑的绝望,有时,他又质疑自己对于友谊的处理方法是否正确,因为自己的失败而自责。他觉得自己要求过高,心胸不够宽广,所以才会失望。这种痛苦的思考最终发展成为自卫性地对自己行为的解释。如果其他人是真诚的,他们会没有东西交流吗?安静的期待也是一种邀请,也是在提供机会。

在他的日记中,这种沮丧和失望会不时爆发,但有时这些情绪是有用的,他不会有意避开,这使他的生活不再琐碎。自然不仅是身体活力和智慧的源泉,也是一种和谐统一的安慰,而这种和谐统一在人际关系中很难达成。他对于人际关系很冷漠,但他不会对自然冷漠。他不能同时应对两个,接近其中一个,就得疏远另外一个。他对自然过程的细节和模式越来越关注,他作为自然主义者的敏感性不断增强,这是一种充满感激的对纯洁、诚实甚至是神秘特质的全心全意的崇拜,这种特质在人际关系中可遇不可求。

第四节　月光下的启迪

梭罗对于夜间散步的描述是引人注意的,这是一种感知方面的训练,他的观察能力有时会远远超过他的想象能力和归类能力。他虚心接受新的体验,这些新的体验也不断给他对周围环境的固有认识造成挑战。在1851年8月5日的日记中,他先描绘了黄昏的场景,慢慢地谈到夏日夜晚的月光。当暮色加深,月光越来越明亮时,他开始看清楚自己是谁,自己在哪里。他变得更加冷静,更清楚地认识到自己的存在,就像把灯带入了一个黑暗的房间,他看到了陪伴他的是谁。当他的眼睛在黑暗与月光之间调整时,他开始明白自己是谁,在哪里,这是一种存在主义的陈述,对自己身份、关系和目标的判断。这正好回答了他在卡塔丁山经历中提出的问题,在这个意义上,月光具有双重的启发性,在他周围和他内心都投下了光。

夜晚变成了启迪心灵和完善自我的时光。夜晚的物质特性,尤其是光的独特特性与心灵和精神状态紧密相关。在凉爽的夜晚,在柔和的银白色的月光中,他恢复了理智,思想更加清明。白天充满了琐碎的干扰,令人无法集中精神,无法发挥理智。在太阳的强光下，很难进行思考，人的神志恍惚，所以正午是一天中最琐碎无聊的时光。

梭罗曾特别提到一个美丽的湖——纽黑文湖，那是他想象中最具有野性的景色。从悬崖上看，这是一片无边森林中的光滑的湖泊，被风吹起的浪花拍击着岸边，发出清新狂野的回声，狼在旷野中安静地潜伏着，想象中有驼鹿从湖那边望过来。月光下湖泊的物理特征，包括视觉、听觉和触觉都会激发人的想象力。他渴望体验未被人类干扰的自然界，他在这月光下的湖泊找到了和缅因旷野中一样的野性。

我们可以用术语"出生"或"再生"来解读这些体验，或者把这些体验看作对已经失去但仍有模糊记忆的身份或存在状态的恢复。夜晚和月光是最能激发这种体验的条件。1851 年 6 月 11 日，在一次夜间散步时，他走进一片树林包围的田野，空气湿润，薄雾笼罩，他觉得自己更接近事物的本源。再一次，某个物质条件，如空气的湿度引发了这种感觉。在凉爽的薄雾中，有创造性的和原始的东西存在，这种带有露水的薄雾让他联想到音乐，想到万物的本源。这些散步经历成了梭罗精彩日记的素材，在这些篇章中他释放了新颖的、真正的创造力。

月光是这些散步经历中的关键现象，在夜晚，梭罗看到一个不一样的世界，那是透过光看到的世界。月光是景色的一部分，也是他观察周围一切的媒介，月光与他的感知能力与想象力紧密相关，也反映出他心态的变化。

当他看着窗外月光下的夜晚，普通且熟悉的场景在奇特的月光下，变得陌生甚至可怕。远处的山和河流看起来像怪物。这种对于普通事物的再发现又一次与月光相关，同时也与其他感官体验联系在一起。空气中有某种东西令人精神焕发，那是真正的风从星球表面吹来。他来到窗口，感觉并呼吸新鲜的空气，似乎风的感觉向他保证月光下的景色是真实的。他在思考，这些山和河流在哪里？这些用象形文字书写的东西在哪里？事实的表象一样可以带来愉悦，可以产生奇迹。他拒绝指责事物的表象，因为表象不是固定不变的,而是动态的,包含了不同的特征。事物的表象是不可否认的物质现实,但具有无穷的启发性。月光给他展示了世界的不同面,使他认识到每一面的即时性,以及无穷的启发性。

晚上,当梭罗观察沙叶时也有相似的发现。夜晚的相对黑暗不是一种阻碍,而是一种动力。安静的月光把最柔和的光洒在西部的山坡上,好像在经历了一千年的磨蚀后,它们的表面刚刚开始发亮。和日光相比,月光更有价值,不是因为它本身的价值,而是因为它向世人展示的东西。自然有生成新的意义的无尽的能力,有永无止境的参照能力,这些能力在这样的时刻得以体现。在梭罗眼中,解冻的沙坝和沙叶是伟大的象形符号,展示了自然永恒的更新过程。月光在这个过程中是一个关键因素,通过它整个过程变得简单易懂。在月光下的时刻,人类的感知与自然界无穷的创造力达成了和谐。

夜晚使自然重新焕发生机,充满了友善,使梭罗摆脱了苦恼。自然的研究也是自我的研究,一种不断肯定和加深自己与生命能量联系的努力。虽然在 19 世纪 50 年代,梭罗的研究看似更加科学、更加现实,但他研究的推动力是强大的精神需求。他的野外考察不断地检验着他对于富有生命力、和谐且不断演变的宇宙的信念,他坚持不懈地努力找回在宇宙中的位置。月亮,带着诗意的世界,离奇的教义和高深莫测的启示成为他生命中的经典。

第七章　自由的生活

第一节　记录人生的日记

　　《瓦尔登湖》既是一部文学杰作，又是一部令人信服的持有不同政见的论著，还是对道德和精神体验予以指导文学作品。但是这本书对于诠释梭罗的最后十年生活解读造成困扰。19 世纪 50 年代是他多产的年代，可他没有一个篇章可与《瓦尔登湖》相比，除了他坚持不懈的日记写作。可是日记也存在一些问题，比如不易理解，缺少读者等。《瓦尔登湖》的影响力，再加上梭罗于 1862 年去世，造成了很多评论家对他在 19 世纪 50 年代中期所取得成就的扭曲并且失真的描述。

　　最常见的一种说法，即梭罗生命中的最后几年智慧和想象力都减退了。他后来的一些重要的研究课题越来越实证化，他对科学细节也十分关注，对于智慧和诗意的衰退也让他不时感到担心。一个富有想象力的预言家，一个有成就的自然诗人，变成了一个枯燥乏味的缺乏想象力的事实收集者。解读梭罗的最后十年，他的日记里满是对自然现象的符号标注，而这些自然现象没有任何的哲学意义。

　　最近的研究对此提出异议，劳拉·沃尔斯和威廉·罗西认为学者们对于梭罗后来变化的评述部分的原因在于文学学者对科学文章的敌意。布拉德利·迪恩认为梭罗后期未完成的课题同样雄心勃勃。这些都推动了对于梭罗的全新评价和解释。梭罗也被看作生态和环保主义的先驱，对于自然过程和体系有着深入且详细的理解。这种视角的转变给梭罗晚期作品带来全新的意义，也使人们认识到科学和环境保护的篇章对于理解他晚期作品的走向十分关键。

他文学生涯的最后十年很复杂，所以进行直线式的描写是不可能的。这个阶段的开端是在 19 世纪 50 年代，梭罗从瓦尔登湖畔回来并且完成了《瓦尔登湖》一书最初的手稿，接下来的十年很明显是他智力拓展和文学尝试的时期。在这段时间，他努力寻找一种文学形式，能足以表达他不断增长的对于自然历史过程的理解。随着课题的演变和数据的拓展，他的事业重心发生了变化，观念也发生了变化。在 1861 年之后，因为身体状况不佳，他无法完成工作。所有这一切都导致了对这十年的描写不够充分而且过于简单。

研究他这一时期唯一的最好的向导就是他的日记，这也是梭罗最伟大的成就之一。"从圆心可以画出多少条半径来，生活方式就有这样的多。"梭罗在《瓦尔登湖》中这样说。1840 年的 3 月 21 日，梭罗在日记中，在想象力与豪气的蛊惑下，描述了自己可能选择的角色与生活方式：秘鲁的邮递员、南非的农场主、西伯利亚的流放者、格陵兰的捕鲸人、广东商人、佛罗里达的士兵、太平洋上的鲁滨逊，如此等等，共计十种身份。然而，终其一生，梭罗的圆心画向圆周的半径，其实不过美国东北部新英格兰六州的土地。他没能成为流放者或商人，他最终成了瓦尔登湖上的长笛手、金翼啄木鸟的听众、早晨第一缕阳光与黄昏熔金合璧落日的眺望者。他成了同时代人眼中一个无名的怪人，一位不算高明的爱默生的模拟者。毋庸置疑，梭罗受到爱默生的很大影响。就连他写日记，也是在爱默生的鼓动下开始的。就像有人擅长登高而呼，有人喜欢披坚执锐。梭罗是一个憨实诚挚的人。一旦开始，便如水银泻地，一发而不可收。他的日记发端于 1837 年 10 月 22 日，直到 1862 年梭罗病逝，其间 25 年几乎很少间断，后来整理出来的日记足足有 39 卷之多。

最近学者们逐渐认识到梭罗的这些日记的重要性，认为可以把它看作一部完整的作品,而不是服务于某个宏伟的文学目标的选编。日记与其他的写作课题有很复杂的关系,包括讲座,杂志发表的文章,两部部分完成的关于自然历史的手稿,以及关于康科德自然进程的综合日历。令人难忘的还有对于奴隶制的质疑,对于约翰·布朗这个人命运的特别关注,因为布朗是一个积极分子,也是一个道德典范。梭罗在政治方面和反对奴隶制方面的演讲也是他最重要的遗产之一。

梭罗既想理解自然生活,也想过一种自然生活,因此才有这些多样的课题。他曾在《瓦尔登湖》一书中明确表达了对这种生活的道德质疑。当他回到康科德,和家人生活在一起后,那种质疑加深了。他一方面要履行作为社会和家庭一分子的责任,另一方面要努力保持独立,保证研究的进行。他的自然历史研究有严格的阅读计划,研究在康科德野外进行。这些研究以真实的细节和广泛的设想,更加深入地展示了自然过程的相互影响和作用。他对有机生命演变的方式的理解不断扩展,自然生活既是重要的知识主题,也是他个人行为的道德标准。

梭罗从瓦尔登湖畔回来后,也一直努力成为一个有名的演讲者和作家。这是爱默生所希望的,给他带来不少压力。在瓦尔登湖畔的生活,给他提供了新的、具有吸引力的演讲话题,《瓦尔登湖》一书也是在早期的演讲中成型的。通过这些演讲,梭罗解释了在湖边的生活。当他继续进行这些演讲时,他所描述的独居生活和在小镇的生活之间的差异越来越明显。如果关于瓦尔登湖的演讲是在为自己两年的实验做一总结,那么他就需要为自己在康科德家中的生活做一个不同的解释。1851 年 4 月 23 日,在一次演讲中,他首次提到生活和目标的重建。这个演讲的题目是《行走,或者去野外》,在这个演讲中,他第一次探索了"边境生活"的本质,这也是他从湖畔回来后过的一种生活,在这样的生活中,他是社会公民,但同时又通过不懈的努力和严格的自律与自然界各种现象和过程保持联系。

后来,这个演讲进一步扩展,分成了两个部分。梭罗希望《瓦尔登湖》的出版会推动他的演讲事业,他也开始把收集到的资料拓展为一系列的演讲。梭罗去世后出版的《无原则的生活》便是其中之一。《散步》和《无原则的生活》这两篇散文构成了对他所认为的生活艺术的最持久的描述。那种生活艺术在道德上充满魅力,精神上自律,与自然界保持着亲切且持久的接触。这些作品是《瓦尔登湖》的后续,代表了梭罗不断地努力去解释自然生活与精神和道德之间的动态联系。

第二节　散步与朝圣

《散步》和《无原则的生活》中都提到了职业和自我定义的问题,这些问题自从 19 世纪 40 年代初就一直困扰着梭罗。《瓦尔登湖》开头的篇章对美国的职业道德进行了尖锐的批判,虽然对于职业概念的再规划并不是《散步》一文的主要话题,但梭罗对于野外散步的颂扬暗含着这样的批判。《散步》以日常生活模式的巨大变化为中心,这种变化暗示了对价值观的重新全面的评价。他在文中这样评述:"漫步是一门何其高雅的行为艺术!我们总是狭隘地认为,只有我们自己在做着漫步的艺术,此处别无他人。通过交流后,我发现我的很多同伴也说自己在漫步,并且有和我一样的满足感。可是说实话,我觉得这两者不尽相同。漫步中必不可少的三大因素就是悠闲、自由还有独立,这三者是任何财富也换不来的。若你想成为一个自由自在的漫步者,唯一要做的就是祈祷上帝赐你降临于漫步者之家,正如拉丁语中说的:'漫步者是生就的,不是养成的。'我的一些同乡现在还记得他们十几年前的漫步者经历,他们是那么陶醉,以至于在森林中迷失了半个多小时。但我明白,无论他们如何在心中寻找千般借口将自己强行塞进漫步者的行列,事实上他们都不能算真正意义上的漫步者,他们不过是在公路上行走的路人而已。我在心底认为,如果哪一天,我没有用四个小时的时间(经常都是超过四小时的)去体验翻山越岭、亲近自然、在林间溪边穿行,那么我就会生病,身体上和心灵上。你可以肯定我的想法,说它千金难买,你也可以将它贬低得一文不值。有时候我甚至在想,那些机械工和资本家们跷着二郎腿从清晨坐到傍晚,将腿简化成坐的工具,而不用它去支撑整个身躯站立起来或者去行走四方。这些人没有因此选择早早离开这个世界,这真让我对他们刮目相看。如果有一天,我从早到晚闭门不出,我想我的身体一定会锈迹斑斑。有时候,我在书桌旁忙碌了一天,出门的时候已经是晚上 5 点钟了,此时夜幕即将降临。而和白天的自然做个亲密接触只是一个白日梦,那时,我就会觉得自己似乎亵渎了什么,犯下了一些罪行,需要救赎祈祷。坦白说,当我看到我的邻居们将一天所有的时间都交付于办公室和商店,并且他们能一口气从早 8 点坐到晚 6 点时,我十分佩服他们的忍耐力,这让我觉得不可思议。我不知道他们信仰的、遵循的是哪里来的奇怪习惯——在最悠闲的下午 3 点钟,他们端端正正地坐在那里,好似那时候并不是下午 3 点钟,而是凌晨 3 点钟。尽管伟大的拿破仑曾鼓励他的士兵拿出凌晨 3 点钟的勇气,但是当邻居们将愉快的午后 3 点钟耗费在端坐中时,这和勇气有什么关系呢?和男人相比,女人做得更甚,她们竟然可以一直足不出户。她们是怎么做到的?我对此深感疑惑。但是我认为:她们无须克制,更无须忍耐。在夏日娇艳的暖阳照射的午后,我们甩掉身上沾染的乡村气息,疾步从那些镀满金光的哥特式尖顶房屋前走过,我的同伴悄声对我说,这里的居民,估计早就沉浸在梦乡里了。那时候,我的心神被这些壮观的建筑所吸引,它们永远不会疲倦,永远不会沉入睡梦中,永远坚强,给睡在屋子里的人们最安心的守护。当然,这和人的性格有莫大的关系,和年龄的关系恐怕还要再深一些。随着岁月的沉淀,人们更愿意将自己的时间安排在室内,因此静坐的时间多了,人的精神状态也随着年龄开始老龄化。渐渐地,老人每天只在太阳落山时散步半小时,其余的时间便是坐在家中的藤椅上发呆。实际上,漫步和运动属于不同的两个范畴。漫步是一种自由的冒险,它不像吃药一样每天要按时按量,更不像锻炼者那样,要在固定的时间内完成一定的运动量。当你选择漫步时,也就意味着你的生活进入了一种冒险。如果你喜欢做运动的方式,那么你不妨去寻找一下生命之泉!但是我觉得太不可思议了!有人竟然认为健康就是汗流浃背的强烈运动,而不是远处草原上的潺潺流水和娇艳小花!"

描述这种漫步时,梭罗喜爱用 saunter(漫步者)一词,因为他相信这个词是从"圣地"的法文 Saint Terre(圣地者)演变过来的。漫步者就是圣地者,每一趟步行既是朝圣,也是唤醒的旅程。梭罗对于"散步"一词给予了有趣的词源解释,认为散步就是走向圣地,散步者是寻找圣杯的侠义战士。这些远足与其说和特定区域的宗教或政治解放有关,不如说和远足者内心的解放有关。他发现失去家园的灵魂是富有的,失去了一个特定的家,散步者得到了整个世界,四处皆可为家。

要想得到整个世界,每天必须有一段时间让自己绝对自由,远离所有世俗的牵绊。和在瓦尔登湖畔的相对孤立状态不同,这种每日远离世俗的生活是和社会需求相关的。散步者,必须把每日的散步看作价值观和生活重点的重建,而不是暂时逃离社会压力和责任。人们应该带着不断冒险的精神进行短距离的散步,准备好离开父母、兄妹、妻子、儿女和朋友,再不相见。如果你还清了债务,立了遗嘱,解决了手中的事务,你是一个自由人,那么你就准备好去散步了。耶稣要求他的追随者抛弃所有的一切去追随他,这种极端的精神的投入必须置于和我们最亲近的事物之前,比如家人,这种把我们和社会紧密联系在一起的力量。他建议一种令人不安的分裂性的行为,这种行为是一种改革行为,是成功的行为。散步是需要投入和准备的。

他悲观又可笑地把"散步"和"死亡"联系在一起,以此来强调某种紧迫性。这是如英雄,如骑士般的斗争,出发前就立好了遗嘱,解决好私人事务,在征战中把经过防腐处理的心脏送回,这些言辞都很极端。他强调自由。他说,他在屋子里待上一天就会生锈。他有时会在上午 11 点或下午 4 点偷偷溜出去散步,如果不出去会让他觉得,这一整天都被浪费掉了。当夜幕降临,而晨曦尚未散去,他似乎感觉自己犯了什么罪,似乎需要弥补些什么。他讶异于街坊邻居们的忍耐力,更不必说其道德麻木感了。他们整日待在商铺和办公室里,并且可以持续数周、数月,甚至数年。他们下午 3 点依然坐在那里,好像是凌晨 3 点一样。真不清楚他们的身体构造是什么材料做的。他们克服阻力,从早上一直坐到下午,到现在依然保持心情愉悦,可谓勇气可嘉。拿破仑或许谈起过凌晨 3 点的勇气,但与此相比,根本无足挂齿。守卫军的辛苦让我们深表同情,但在前者面前,守卫军都要丢掉饭碗了。大约在这个时间,即下午 4 点到 5 点,读晨报太晚,读晚报又太早。令他纳闷的是,此时,整条街竟听不到一点声响,似乎是让一大堆陈旧的家长里短和胡思乱想随风而逝。在这个忙碌工作的世界,店主或商人每日劳作,这样的事业不知何时有个尽头。对于邻居的耐力他感到十分吃惊,更不用说他们道德麻木,成年累月把自己限制在商店或办公室。虽然很多人都选择并且沿用了这样一种生活模式,但这种模式是一种监禁。他语带讽刺,向他们的勇气致敬,因为他们能忍受一成不变的单调乏味的生活。

他所提倡的散步是一种不断发现的努力,去发现个体压抑的方面,去发现被否认以及从未开发的部分。散步让人们有机会重新认识自然界,恢复或重建新的个体、新的体验。散步在某种意义上是对未知世界的探索,既包括自然界也包括内心世界。散步使日常生活模式充满活力,是一种消遣和娱乐,是一种冒险。这样的冒险是一种磨炼,光是自然的存在不会引起人们自身的神奇变化,关键是意识要强,态度要谦虚,要维持一种警觉或清醒的状态。早晨是很好的一个时刻,在这个时刻感觉、身体和智慧达成统一并充满力量。

散步也成了他一生中最具象征性的比喻。在散步中他把空间、时间和思想融为一体,让身体的脚步与自然的脚步和精神的脚步同行,从而使散步有了极其丰富的内涵,也因此写就了具有超前自然保护意识的名篇《散步》。梭罗在散步中的最大的收获，便是发现了荒野的价值与魅力。他写道："我所说的西部实际上是荒野的代名词；而我一直准备说的是，只有在荒野中才能保护这个世界。"

梭罗对荒野价值的新发现，使他超越了同代的超验主义作家，成为当代美国自然文学追踪的焦点。由于《散步》是梭罗生前最后的一篇佳作，他对荒野的观点，也成为他短暂一生中的绝唱。梭罗对荒野价值的新发现在于：他打破了人们对荒野的陈旧观念。走向荒野不是走向原始和过去，不是历史的倒退。相反，荒野意味着前途和希望。他归纳道："我们走向东方去理解历史，研究文学艺术，追溯人类的足迹；我们走向西部，则是充满进取和冒险精神，走进未来。""对于我来说，希望与未来不在草坪和耕地中，也不在城镇中，而在那不受人类影响的、颤动着的沼泽里。"

荒野中蕴藏着一种尚未被唤醒的生机和活力。荒野也意味着美好和健康。梭罗认为，生活充满了野性。最有活力的东西也是最有野性的东西。而最接近野性的东西，也就是最接近善与美的东西。然而，他也发现了工业文明对荒野的破坏："如今几乎所有所谓人类的进步，诸如建筑房屋，砍伐森林树木，都只能摧残自然景色，使它变得日益温顺而廉价。"他痛恨那残酷的斧头，庆幸它"无法砍下天上的白云"。因此他呼唤："给我大海，给我沙漠，给我荒野吧！""我愿意让每个人都像野生的羚羊一样，都像自然的重要组成部分一样。"他已经预见到不顾自然环境、盲目追求发展的工业文明将会给人类带来的恶果。他相信，无论是一个人还是一种文化，一旦与荒野脱离，便会变得微弱而愚钝。于是，在"文明的沙漠中保留一小片荒野的绿洲"，便成了梭罗最执着的追求。

对梭罗而言，荒野不仅意味着这个世界的希望，也是文化和文学的希望。"在文学中，正是那野性的东西吸引了我们"，他在《散步》中写道。继而他举例说明，无论是《哈姆雷特》还是《伊利亚特》，最有魅力的部分"是那种未开化的自由而狂野的想象"。

可以说,梭罗对荒野价值的新观点具有另一层意义,它把文学艺术家的目光引向荒野。他呼唤作家"走向草地",使用一种"黄褐色"的与土地相接的语言。这种文学中对野性的呼唤,为日后的美国自然文学开辟了一个崭新的视野,吸引了一代代美国自然文学作家。"意识、心灵、想象和语言,就其本质而言,是狂野的。这种'狂野'像野生生态系统一样,相互联系、相互依赖,极为复杂,同时又多变而古老,充满了启示。"在梭罗去世一百多年后的今天,我们从美国当代自然文学作家加利·斯奈德的上述评论中,看到了梭罗关于荒野价值的观点,仍在我们这个时代延伸和扩展。

"野性"是有生命力的准则,对自然过程和人类文明都必不可少。每棵树都会把飞絮送往远方寻找野性;城市不惜代价引入野性;人们为之耕种,为之远航;来自森林与旷野的药材和树皮供养着人类。当梭罗歌颂野性时,他眼中西部扩展的前景不是要建立一个帝国,而是保护自然。伴随着美国西部的殖民和定居,技术的进步无法预料,人口的增加也无法计算。在梭罗的想象中,西部是一个以农业为根本的、充满野性的地方,但他却从未想到文明可能会最终威胁到自然野性的力量。

人类文明从旷野中汲取力量,也必须寻机进入旷野,即使旷野代表了完全不同的一套过程和价值观。梭罗歌颂最具野性的风景——沼泽,从传统角度来看,这是一片没有价值而且阴暗的地方。但他认为希望和将来不在草坪和开垦过的土地中,也不在城镇,而是在沼泽中。沼泽成了抵制文明价值观的野性的核心,是一片圣地,在那里人们可以寻找到力量和自然的精髓。挽救城镇的与其说是正义的人类,不如说是周围的树林和沼泽。每一个伟大国家的创立者都曾从野性的自然中汲取营养和力量,他爱举的例子是罗马的建立者罗慕路斯和瑞摩斯,他们被狼喂养大,却建立了伟大的帝国,而帝国的灭亡是因为它的子孙不再喝狼奶,被北方森林中的民族征服。脱离自然的文明是没有前途的文明。广袤、野性、荒僻的自然是我们的母亲,她无处不在,如此美丽,像母豹一样爱抚着儿女；而儿女们却很早就断了奶，投向了社会，转向了只有人和人的交往，这种文明注定很快到达极限。一个城镇如果地面上有原始森林起伏，地下有另一处原始森林在腐烂，这样一个城镇不仅适合种玉米和土豆，而且适合培养未来的哲学家和诗人。在这样的土壤上已经养育了荷马、孔子和其他人，从这样的旷野中走出了吃蝗虫的、野蛮的改革家。人类要重新认识自己，他们不仅是社会的公民，还是充满野性的生物。人类与自然之间从未间断的亲缘关系会维持并丰富公众生活。在人类历史上，这种关系也一直是诗歌、智慧和道德预言的来源。

当他把野性的概念在城镇和文化中付诸实践时，这种概念就变成了独立思考的能力和对社会成规的抵制，宣扬不遵从传统的精神。他希望人类不要被驯化，要充满野性。日常生活中野性的突然爆发会令他心花怒放。比如，邻居的牛在早春时节冲出了牧场，勇敢地游过了河。家养的牛在那个时刻变成了跨越密西西比河的野牛，它的野性经历了多少代人的驯化都难以消除。人类要想充分发挥潜力，就必须恢复被遗忘的玩耍能力，再次学习如何自由表达出充满创意的混乱。他们必须抛开文明秩序带来的束缚，因为这些束缚缺乏自然的力量、创造力和新意。人类大体上相似，但又各有千秋。低的目标，基本每个人都能完成，但是要实现远大的目标，只有个别优秀的人才能做到。这种区别或个性正是野性的表达。

要融入旷野有时需要抵制教育和开化，这样才能防止被驯化。每个人或每个人身上的每一部分都不该被开发，土地亦是如此。人性中野性的或未被开发的角落是很重要的，梭罗称之为牧场和森林，它们为将来奠定了一个模式。在这个构想中，有用之物和废弃之物并存，知识和无知并存。梭罗渴望形成这样一个社会，传播有用的无知。这种无知实际上是一种美好的知识，在更高层面上有用的知识。

知识不能提供体验上的神秘感，不能令人相信有用的无知的无穷无尽。人类要达到的最高境界不是知识，而是智慧。这种智慧是面对知识的不足时感觉到的惊喜。梭罗在卡塔丁山的经历和夜晚散步的经历是他言论的出发点,在这些经历中,他的知识并不重要,突然遭遇并接受的全新感知体验才重要。这些体验虽然从根本上说是非理性的,但带来一种新鲜的感觉,感觉到世界的广阔和我们认知能力的有限。了解了我们的无知,也就是了解了最重要的东西。

第三节 自然的边缘

梭罗大胆地描述自然生活的要求的同时,又害怕自己的生活不足以达到这些要求。他认为,他过的是一种边缘生活。他住在这个世界的边缘,偶尔会对这个世界进行短暂的拜访。当他拜访归来,他就像一个土匪回归到自己热爱和忠诚的领土。他认为与其说自己是从事神圣追求的游侠骑士,不如说是一个土匪,一个边境袭击者或劫掠者。由此可见,文明与自然的绝对融合很难实现。一个人走进自然,最终还是要返回村庄。虽然梭罗一开始就宣称漫游者要进行的是永不回头的旅行,但是他也意识到返回是漫游的一部分。人类可达成的与自然最有成效而且最先进的关系,就是过一种边境居民的生活。就算达不到对自然的绝对理解和融入,我们的社会生活也会因为与自然世界的交往而变得丰富多彩,生气勃勃,具有道德意义。

不得不承认在一些方面,人类是作为陌生人进入野性自然的,无法全面了解自然,所了解的只是碎片和片段,并且一直努力把它们融入一个更全面的模式。大自然就是一个庞大多面的个性实体,人类无法窥其全貌。无知也是有价值的,这样人类永远无法认清自然,但代价是自然在我们掌控之外,我们对它的访问虽然重要却不够全面。

梭罗对于边境生活的描述绕开了夸张表达,同时在《散步》一文中融入了自然生活生动的感觉,他的追求更具有现实感。《散步》一文不断告诉我们,在与自然的关系中,经验胜过理论。在文章的最后,他跨越边境认识到一些新的、从未想象过的东西。这些事件具有改造作用,但不具备紧张感或刺激性。它们往往是很小的发现或普通的事件,但正是这种普通强调了不断认识自然的必要性。

一个午后,梭罗漫步在斯波尔丁家的农场,这时他看到在松林的后面,落日正发出耀眼的余晖。它金色的光芒洒向林间小道,仿佛照进宏伟的大厅。他肃然起敬,仿佛某个古老而荣耀的家族悄悄地住进了康科德这片土地。他们视太阳为奴仆,从不参加村里的社交活动,也没有人登门拜访。穿过森林便是斯波尔丁家的蔓越莓草地,他们的公园和游乐场就在这里。长高了的松树为他们的房子搭建了山墙,而房子在四周树木的掩映下依稀可见。他们有儿女,身体很健康。但他不记得是否曾听到他们的低声欢闹,他们似乎生活在云端。农夫的车径直穿过他们的大厅,就像偶尔透过倒映的天空看到池塘底的淤泥,但他们对此并不介怀。他们从没听说过斯波尔丁,也不知道他们彼此是邻居,尽管他能听到斯波尔丁赶着车队经过的时候吹的口哨声。青苔是他们的标志:松树和橡树上画得满满都是。他们的阁楼在树梢。他们没有政治,也没有劳动的嘈杂,不管织布还是纺纱。然而,在风住声歇之时,空气中会飘来一阵婉转悠扬的乐声,像五月里微弱的蜂鸣,那也许就是他们思考的声音吧。他们没有慵懒的思想,而外人看不到他们劳作,是因为他们不会纠缠在繁杂的琐事上面。

这是第一个这样的时刻,落日的余晖穿过一片松树林改变了梭罗散步常去的斯波尔丁农场,把它变成了一个宏伟的庄园。这个庄园高贵、非凡,居住着一个神奇的家庭,他们与周围环境和谐相处。这些居住在仙境中的人们可能是斯波尔丁的居民,与自然保持着某种更深入的无意识的联系;也有可能是农场周围林子中的鸟。无论是何种情况,他们都是斜倚在阳光中的生物,过着高贵的生活,不受文明的压力和要求所干扰。这当然是一个幻想的世界,其中日常的劳作、物质的局限、社会压力和分工都暂时停止了。他们和政治无关,那里没有劳作的噪音,也没有纺织的声音。但是梭罗发现,当风力减弱时,最美好的、可想象到的、甜美的声音是充满乐感的嗡嗡声,就像五月遥远的蜂房发出的声音,这声音很有可能是思想的声音。只有当文明模式暂停时,思考才有可能。梭罗承认,他那奇特的想象是短暂的,想象中的家庭也慢慢从脑海中消失了。在日落的特别影响下,他看到了空想中的时刻,人类生活完全反映了自然,和自然没有冲突。他跨越边境虽然是暂时的,却留下了深刻印象。

　　第二次关于边境生活的描述和第一次相比,虽然不够超凡,但也不同寻常。梭罗发现了几个极小且精美的红色的、圆锥形的花,这是白松的花朵,朵朵朝天开放。这个发现可以说是他冒险爬上树顶的奖励。在那里他不仅看到了从未见过的花朵,还看到了地平线上全新的山脉。摘下一朵花带回村庄,向农民、木材商、伐木工和猎人们展示,他觉得这些人应该认识白松,但没有一人见过类似的东西,还以为是天上坠落的星星。

　　努力向上获得启发,并把对上天的想象带回大地,这是传统的对于精神追求的象征性手法。梭罗把这一过程植根于爬树的真实经历中,收集植物样本,以一种特殊的方式和其他人交流。他记得在爬树过程中重重摔过一跤,还把样本给陌生的陪审员看。这些记忆片段把他的故事从寓言变成了对自然的真实描述,自然就在身边,却很少被了解。大自然的花朵向天空绽放,超过人们的头顶,人们看不到,他们只能看到脚下牧场上的花朵。

　　这件事情的部分意义在于,它在践行一种社会见证。光是发现和欣赏松树花朵远远不够,他必须带着样本返回自己的地方,询问他人是否有类似的经验,以确认花朵带给他的新鲜感和奇妙感受,也给自己的同胞上一堂课。在这一篇章中,最令人兴奋的时刻并不是发现花的时刻,而是他展示花朵时其他人惊讶和好奇的时刻。他的边境生活不仅关注自然,还关注对话与社会交流。

沉浸在自然界中并不算完整,因为人类一直以来是社会生物,与文明世界有重要的联系。在最好的条件下,这些联系会变得重要且富有成效,穿越于自然与社会之间变成了有意义的生活模式的核心。

第三次关于边境生活的描述讲的是 11 月的一天,梭罗看到了壮观的日落场景,这一幕也发生在散步过程中。就像月下散步一样,日落时光线的变化把熟悉的场景变得新奇且引人入胜。在寒冷阴沉的一天过后,太阳终于要下山了,在即将下山之前,它突然变得清晰起来。它的光芒如晨曦般温柔而明亮,点亮了枯草和对面森林的树干,洒向山坡上低矮的橡树叶。人们在草地上投下的影子,向着东方伸展延长,仿佛是阳光下仅有的一粒灰尘。光线之美妙,是我们哪怕片刻前都想象不到的;空气之和煦安详,足以让草原变成天堂。这不是永不再现的孤品,而是会永远持续下去,在无数个夜晚为走去那里的孩子带来快乐和信心。想到这点,他便觉得它愈发灿烂辉煌了。当新的光线激起梭罗对黎明的联想,一天的结束变成了一天的开始。最普通的景色特征、干草以及橡树叶突然间具有了启迪作用,反映并增强了光的作用。在这个场景中,人类被缩小了,变成了光束中的微小尘埃。

在这个傍晚的黎明中,梭罗暗示了在自然的更大秩序中,人类存在的微小意义。这也是《散步》一文的最后篇章。这个时刻留给他生动的记忆,描述时充满惊讶和敬意。但这个时刻不是一个独一无二的现象,它会不断发生,会有无数个这样的傍晚。大多数这样的事件很少有人类的见证,这样的美人类也很少观察到,这就说明人类在自然中的确有一席之地,但不是中心位置,而且自然界的过程和规律与人类的需求、预期和认识相去甚远。

要过梭罗描述的边境生活,就得不断提醒自己人类是无法界定自然的,人类的欲望也无法驱使自然。在《瓦尔登湖》的《春天》一章的最后,梭罗写道:人类需要超越自己的局限,看到某些生命在我们从未去过的地方自由放牧。

第四节　生活的原则

梭罗认为,边境生活必须抵制住传统工作和金钱的要求,不停地工作会违背诗意、哲学甚至是生命本身。《瓦尔登湖》的重任就是要证明获得生活必需品不是生活的全部,而《无原则的生活》对这一观点的论述很是热烈甚至是尖刻,不仅反对物质主义,还反对物质主义的潜在化身,即遍布社会各处的、僵化的、毫无意义的职业道德。

梭罗这样评价他生活的社会:这是个充满交易的世界,永远忙忙碌碌!他几乎每晚都会被机车的隆隆声吵醒,永无安息之日。对他而言,看到人们休息一次将是无上荣幸的事情。人们除了工作还是工作、工作!他好不容易买到一本空白簿来写下自己的思想,可它们全被美元和美分占领。一个爱尔兰人看见他在地里待一分钟,就会认为他在计算工资。如果一个人在婴儿时被扔出窗外,因此一生跛足,或是被印第安人吓得魂飞魄散,那么他唯一遗憾的就是丧失了打拼事业的能力!梭罗认为,没有什么事情,甚至是犯罪,比永无休止的工作更能与诗歌、哲学以及生活背道而驰了。

《无原则的生活》由一系列规划好的题为《散步,或者去野外》的讲座演化而来,是对《瓦尔登湖》核心论题的延伸。这篇文章尖刻地攻击工作,认为人生的决定和行为应该由严肃的目标来支配,这是对具有解放性质的漫步生活的必要补充。讲座的核心部分是一篇日记,写于 1851 年 9 月 7 日。梭罗肯定作为作家的主要任务就是追求一个基本的道德问题,即如何生活,也就是生活的艺术。这一点对美国民众很重要,梭罗充满激情地解释了他那种忙碌且有意义的休闲生活。到底如何生活呢?如何才能充分享受生活呢?对这个问题的探索是对传统文化的挑战,是要摒弃愚蠢的对物质财富的狂热追求,远离毁灭自我的毫无意义的工作,追求真正的理想和真实的满足。

要实现"最充实的生活",必须着眼于直接且具体的事物,比如如何度过一天。《无原则的生活》和《散步》对此都有论述,这些文章就是要指导人们如何过一种自然的生活同时,这些文章也为后来的工作做了铺垫。梭罗既是一个自然主义者,也是一位忙碌的政治评论家。

梭罗在表达全新的对于工作和日常生活本质的思考时,使用了讽刺性的传统措辞。《无原则的生活》最初的标题是《有什么益处》,这个表达来自《圣经》。这个讲座来自梭罗 8 年的生活经历,它也是一种信念,带有自传性质,目的是和听众对话。梭罗坚持认为每个人都应该为自己的道德状况负责,必须保持内心世界的健康与活力。就像在《瓦尔登湖》中一样,他以自己作为范例,挑战并引导读者批判了在美国文化中占主导地位的狭隘而且有害的工作和价值观。

梭罗发现,美国除了工作就是工作,这种执迷不悟违背了生命本身。美国文化中推崇的"勤奋"是毫无意义的,而且也是浪费,它是问题的根源。工作并不总是高尚的,事实上会使人堕落。工作若只是为了赚钱,那就真的毫无用处。工作应该服务于更有价值的目标,关键是人们不能被其奴役,要有更高尚的目标。如果一个人把全天都给了社会,那生活就没有意义了。

梭罗说,或许他比常人更在乎自己的自由。他觉得自己和社会的关系是微弱而短暂的。那些足以支付生计,使他对同辈人在一定程度上有用的轻微劳动,对他而言是一种乐趣。没有人总在提醒他那些劳动是必须要做的。目前为止他很成功,但是可以预见,如果他的欲望增多了,满足欲望的劳动将会变成苦差事。如果把自己的上午和下午全都出卖给社会,像大多数人那样,活着就没有什么意义了。他坚信一定不会将自己与生俱来的权利出卖给眼前的蝇头小利。一个人可以既勤劳也不浪费时间,没有比在养家糊口上浪费生命中大部分时间的人更愚蠢的了。一个人如果仅仅是为了当财产继承人而来到这个世界,那么他还不如不出生,直接死掉倒好。有了慈善机构和政府养老金的支持,你能继续活着,但无论使用多少美好的同义词来描述这些关系,说到底也只是靠救济生活罢了。星期天,贫穷的债务人来到教堂,算算口袋里的钱,一定会发现自己又入不敷出了。特别是在天主教堂里,他们走进衡平法院,进行深刻的忏悔,放下所有包袱,想着东山再起。所以人们往往只会仰面朝天,嘴里谈论着失败,但从来不会努力爬起来。

有原则的生活就是要下定决心保持一定程度的自由,不受外在工作要求的束缚,并不断评估从事的工作的意义。梭罗认为所有伟大的事业都要自给自足,每个人都有责任开创伟大事业。然而,社会认可的许多事业并不是伟大的。加利福尼亚淘金热的耻辱是他列举的主要事例,说明了美国扭曲的文化价值观。许多人靠幸运生活,得到钱财之后,又去指挥那些不幸的人为其劳作,对社会来讲毫无价值。这个也叫事业吗?

山谷里的淘金者就像旧金山酒吧里的赌徒一样多,摇晃泥土和掷色子之间有什么不同呢?如果你赢了,社会就是失败者。无论有什么支票和报酬,淘金者都是诚实的劳动人民的敌人。你告诉我努力工作得到黄金是远远不够的。魔王努力工作亦是如此。违规者的道路在很多方面也许非常艰难。去矿山的最谦卑的观察者看到并说:淘金和中彩票其实是一个性质,以此得到的黄金和通过诚实劳动得到的工资不一样。但实际上他已经忘记自己看到的东西了,因为他只看到事实没看到本质,而且在那里产生交易了。他以为只是买了一张能验证另一张彩票的票,事实其实没那么显而易见。

工作与价值是不可分离的,执迷于工作是违背生命本身的。以金钱衡量的工作最终毫无价值,因为它更大的目标或意义被削弱了。淘金者就像旧金山酒吧里的赌徒,是筛掉泥土还是摇色子根本上没什么不同。这样获得财富的手段把工作与社会实用性分离开来,加剧了社会财富和权力分配的随意性和混乱。如果这样的人赢了,社会就输了。淘金者不是诚实劳动者,淘金这样毫无意义的工作获得的奖励削弱了真正工作的价值,使得人们对于工作的本质和意义更加困惑。淘金热代表了一种肤浅,这也是梭罗鄙视的深层目标。它会影响平常的对话,使对话显得空洞且毫无成效。当无意义和不重要的东西逐渐挤走了重要和关键的东西,这些无休止的、空洞的对话就会削弱人们的内心修养。有原则的生活要求注意力集中,保存必要的精力维持内心生活。思维不是随便讨论大街上事件和茶余饭后话题的公共活动场所,思维应该是上天的一部分——一个露天神庙,用来供奉神灵。保持思维的纯洁是很重要的,肤浅的对话和思维是有害的,因为这样人们便没有机会进行深刻且真实的对话和思考。

梭罗发现,自己很难处理一些意义重大的事件,却迟疑地将自己的注意力放在一些微不足道的事情上,而那只有神圣的心灵才可以阐明。和淫秽与邪恶相比,琐碎与肤浅是对道德更大的威胁,因为不易察觉。因此,梭罗呼吁要警惕这些看似乏味的威胁。一心关注琐碎的事情,思维会被永久污染和亵渎。常规与传统是对精神生活的浪费,不断尝试新的体验,是有原则生活的关键。

摒弃空洞与肤浅的生活,去过一种自然的生活,开发精神资源。这种自我发展是《瓦尔登湖》的主要关注点之一,也是超验主义者的核心设想之一。梭罗认为这也是这个时代政治改革者需要上的一课。所谓的政治相对来说是如此肤浅和野蛮,事实上,梭罗从不认为它关心过他。报纸,特别是免费为政治或政府提供的一些专栏,像他这么喜欢文学的人,说真话无论如何都不会去读的,他可不想把自己的判断力变得迟钝。这些改革界的人士只满足于外部变化,这正是梭罗最担心的。虽然改革后的制度和社会安排很关键,但是如果改革不能触及生活的方方面面,改革是不完整的。社会改革的一个关键因素就是去除外部的障碍,追求更完整、更深刻以及更深入内心的生活方式。粗俗的生活是肤浅的生活,这样生活的目的只是想获得一点世俗的财富、名望和自由。这样的成就只是生活的躯壳,缺少内部的精髓。在这里"自由"不仅仅是爱国口号,还体现了从妇女权利到反对奴隶制等各项改革运动的主要目标。改革就是努力去质疑,"自由"只有植根于更深远的目标和更深入的生活,才不会空洞。

梭罗坚持的自由的深层意义动摇了美国国家使命感和本体的基础。美国是一个自由的国度,但是这个自由不能仅仅是政治意义上的,因为政治上的自由出自有缺陷的价值观。这种虚假的自由只是转移了束缚人们的源头而已。即使人们从政治独裁中获得了自由,但他们仍然是经济和道德独裁的奴隶。梭罗认为改革者的抱负有限,不应该止步于政界。

自由必须是真实的,而不是理论上或象征意义上的,自由必须要践行,人不能生来自由却无法生活自由。而政治自由最终是要实现道德自由,道德自由实际上是对有原则生活的概述,这是自我的觉醒,包括思维和日常行为。只有把思维化作真实且重要的行为,"自由"才有意义。道德自由要改造每一天,就需要严格的经济自律,对工作的价值进行严格审查。因此,梭罗对自然生活的追求可以说是对道德自由生活的追求。

第五节 公民权利

在《无原则的生活》的结尾,梭罗对传统意义上的政治进行了较低的评价。所谓的"政治"在他看来十分肤浅且冷酷无情,实际上,他认为政治和他无关。他对政治的漠然,与他反对奴隶制的运动以及他的政治作品的长远影响形成了反差。政治肤浅性的论述对于有原则的生活的界定十分重要。梭罗认为,只有当政治问题触及道德问题时,一个人才应该进入政治领域。他第一次与政治制度起冲突,是他住在瓦尔登湖时,那是 1846 年 7 月的一个晚上。4 年来,他一直拒绝支付他的人头税,而当时政府规定每个 20 岁以上的成年男性公民都要缴纳这一税赋。梭罗认为这一税种带有歧视性,此外,他抗议用收取的税收支持政府纵容奴隶制。

那天下午,梭罗从他的小木屋出发,步行进城,去取一个鞋匠给他修补的鞋子。巧合的是,他遇到了镇上的狱卒兼税收员山姆·斯台普斯。斯台普斯要求梭罗缴纳他该交的税赋,但梭罗拒绝缴纳,并提出了自己的理由。斯台普斯警告他说,他要不交,就会被关入监狱。梭罗宣称了他的权利,然后就自己去了监狱。在狱中,他与一名被指控纵火烧毁一座谷仓的男子同住一个屋。梭罗愿意留在监狱里,不管他人注意到他的抗议和观点要等多长时间。但是,他妈妈听说他进了监狱,就让他姐姐给狱卒家送了一些钱,将他保释了出来。斯台普斯的女儿打开家门,收下了这笔钱,但是当时时间已经很晚了,斯台普斯决定第二天一早就释放梭罗。当黎明到来,梭罗很生气家人为他采取的行动,因为这样一来他就无法继续待在监狱里进行他的抗议。他去街上取回自己修好的鞋子,然后在树林中采集起越橘。梭罗在监狱里住了一晚的结果,便是写出了那篇著名的论文——《论公民的不服从》。文中,梭罗这样写道:"我由衷地同意这个警句——'最好的政府是管得最少的政府'。我希望看到这个警句迅速而且系统地得到实施。我相信,实施后,其最终结果将是——'最好的政府是根本不进行治理的政府'。当人们做好准备之后,这样的政府就是他们愿意接受的政府,政府充其量不过是一种权宜之计,而大部分政府,有时所有的政府却都是不得计的。对设置常备军的反对意见很多、很强烈,而且理应占主导地位,它们最终可能转变成反对常设政府。常备军队不过是常设政府的一支胳臂。政府本身也只不过是人民选择来行使他们意志的形式,在人民还来不及通过它来运作之前,它同样也很容易被滥用或误用。看看当前的墨西哥战争,它是少数几个人将常设政府当作工具的结果,因为从一开始,人民就不同意采取这种做法。目前这个美国政府——它不过是一种传统,尽管其历史还不久,但却竭力使自己原封不动地届届相传,可是每届却都丧失掉一些自身的诚实和正直。它的活力和气力还顶不上一个活人,因为一个人就能随心所欲地摆布它。对于人民来说,政府是支木头枪。倘若人们真要使用它互相厮杀,它就注定要开裂。不过,尽管如此,它却仍然是必不可少的,因为人们需要某种复杂机器之类的玩意儿,需要听它发出的噪音,借此满足他们对于政府之理念的要求。于是,政府的存在表明了,为了人民的利益,可以如何成功地利用、欺骗人民,甚至可以使人民利用、欺骗自己。我们大家都必须承认,这真了不起。不过,这种政府从未主动地促进过任何事业,它只是欣然地超脱其外。它未捍卫国家的自由,它未解决西部问题,它未从事教育。迄今,所有的成就全都是由美国人民的传统性格完成的,而且,假如政府不曾从中作梗的话,本来还会取得更大的成就。因为政府是一种权宜之计,通过它人们可以欣然彼此不来往。而且,如上所述,最便利的政府也就是最不大被治理的人民的政府,商业与贸易假如不是用印度橡胶制成的话,绝无可能越过议员们没完没了地设置下的路障;倘若完全以议员们行动的效果,而不是以他们行动的意图来评价的话,那么他们就理所当然地应当被视作如同在铁路上设路障捣蛋的人,并受到相应的惩罚。但是,现实地以一个公民的身份来说,我不像那些自称无政府主义的人,我要求的不是立即取消政府,而是立即要有个好一些的政府。让每一个人都表明能赢得他尊敬的是什么样的政府,这样也就为赢得这种政府迈出了一步。到头来,当权力掌握在人民手中的时候,多数派将有权统治,而且继续长期统治,其实际原因不是因为他们极可能是正义的,也不是因为这在少数派看来是最公正的,而是因为他们在物质上是最强大的。但是,一个由多数派做出所有决定的政府,是不可能建立在正义之上的,即使在人们对其所了解的意义上都办不到。在一个政府中,如果对公正与谬误真正做出决定的不是多数派而是良知,如果多数派仅仅针对那些可以运用便利法则解决的问题做出决定,难道是不可能的吗?公民必须,哪怕是暂时地或最低限度地把自己的良知托付给议员吗?那么,为什么每个人还都有良知呢?我认为,我们首先必须做人,其次才是臣民。培养人们像尊重正义一样尊重法律是不可取的。我有权承担的唯一义务是不论何时都从事我认为是正义的事。……"

在梭罗看来，道德必须优先于法规和规章，道德必须优先于法律。国家为了维持其存续，总是试图把人变成遵守法律和秩序的公民，移除他们的道德良知，让其"尊重法律"。但是，一个真正的人会尊重自己，会把他的诚信和道德原则置于法律之上。梭罗所主张并捍卫的原则，不仅仅适用于马萨诸塞州和联邦政府，它们适用于所有人类和所有可能的政府。

梭罗认为，对于政府的行为方式，一个有道德的人将会抗拒。如果法律的本质要求你以其人之道还治其人之身时，那就别管这法律了。比如，是美国殖民地的良知，打破了英国法律的束缚；是甘地的良知，他进行斋戒和祈祷，打破了英国统治印度的束缚；是马丁·路德·金的良知，他组织了塞尔玛游行，挑战了法律隔离；是示威者的良知，他们烧毁征兵证，示威游行抗议越南战争；是南非人的良知，他们拒绝隔离，抗议歧视性的种族隔离法律；是庇护运动的良知，"非法"保护逃离中美洲战乱的难民。

19世纪中期，美国废奴主义运动蓬勃高涨，直接波及波士顿地区。被誉为超验主义精神导师的爱默生于1844年8月1日在康科德发表了著名的反奴隶制演说，对日趋威胁美国民主共和的奴隶制提出了抗议。这是一场持久的、争取人性与自由的斗争。遗憾的是，逮捕逃跑黑奴事件在波士顿地区时有发生。梭罗对此感到愤怒，并于1854年7月4日在马萨诸塞州弗莱明翰镇举行的废奴大会上发表演说，强烈谴责家乡人的这种倒行逆施行为，他讽刺他们比奴隶主更加关心奴隶的逃跑。梭罗认为这是人性的倒退，马萨诸塞州正面临一场道德危机。一方面，梭罗响应废奴主义运动，发表文章揭露州政府无视保护逃跑奴隶自由的《个人自由法》；另一方面，梭罗采取了更加务实的做法，他以抗税和帮助黑人逃跑等一系列实际行动来抗议美国政府的反人性行径。对大部分废奴主义者来说，美国政府怂恿和维持黑奴制既违背了人性，又亵渎了美国民主共和国的英名。这是历史的倒退，也是社会患有的痼疾。梭罗在抗议美国政府背叛人性的同时，发现重商主义正在全社会蔓延，并日益败坏社会的伦理纲常。对此，他做出了坚定的反应："可以断言，金钱愈多，德行便愈少；因金钱介乎人与其目标之间，构成他实现目标的手段；而且用不着再说，获得金钱也算不上什么伟大的德行。"

有着悠久蓄奴历史的南卡罗来纳州如此，就连远离黑奴的马萨诸塞州也脱不了干系。在新英格兰，奴隶制危机进入一个新阶段，具体体现在三个事件中：1851年沙德里奇被逮捕但最终获救；1851年托马斯·西姆斯被逮捕并遣返；1854年安东尼·伯恩斯被逮捕、审判和遣返。每一个事件都对梭罗有深深的影响。学者们曾这样描述梭罗社会政治思想的前后变化："不管矛盾与否，概观历史语境中有关梭罗的改革著作，我们会明确地看到一个由消极趋向积极的模式。"他把许多精力投入日记中，申斥政府和他的同胞，因为他们帮助或参与了遣返西姆斯和伯恩斯。伯恩斯事件激化了新英格兰的反奴隶制运动，梭罗也发表了有力且激烈的公开声明——《马萨诸塞州的奴隶制》。这篇文章也表明，梭罗早期的观点发生了改变。他原本认为可以远离政治和法律，置身事外，但是现在政治问题变成了道德问题。在《马萨诸塞州的奴隶制》一文的最后，他承认伯恩斯事件实际上改变了他的世界，他觉得具有爱国主义情感的人都会有一种相似的失落感。在文章的前半部分，他尖刻抨击了政府主要官员、法律体系、媒体制度甚至是宪法，认为宪法是与恶魔订立的协议。个人与国家之间的和谐被破坏了，他一开始不明白是什么令他困扰，最终他明白他失去了一个国家。

梭罗奉劝废奴主义者不要支持马萨诸塞州政府，无论是个人言行还是财产方式。显然，梭罗信奉一种"更高的法则"，因为这样的个人行为必须依据这样的法则。梭罗本人进而认为，由这样的法则导引的个人行动，本质上算得上是革命的行为，即使流血牺牲也要捍卫自己出于良知的选择。他坚信人只要真正按良心办事，就能获得一种超验的精神支柱。任何对良知有害的活动都会造成人格精神的匮乏，甚至剥夺一个人的精神生活。在梭罗看来,臣民为了获取自由而负伤流血是正义的行为,"从这伤口流出的,是人真正的人性和不朽,而他流入的是一种不朽的死亡。眼下我看到的便是这一种流血"。他因拒绝纳税而锒铛入狱,接受牢狱之苦本身就是其入世精神的写照。不过最能体现梭罗反黑奴制立场的还是他的《马萨诸塞州的奴隶制》一文,其中他把奴隶制法律斥责为"像垃圾虫"一样龌龊。

在《马萨诸塞州的奴隶制》一文中,梭罗探讨了在没有国家的情况下如何生活,既有对美国令人无法理解的道德麻木的蔑视,又有对秩序、礼让和目标丧失的哀叹。梭罗认识到他早期在《论公民的不服从》中的设想很天真,以为一个人可以远离政治,过一种独立的生活。他发现州政府的政治腐败腐蚀了他居住的整个环境,即使他在选择和执行使命时没有遇到直接的阻碍,但是他无法过想要的生活。伯恩斯事件打破了他的幻想,使他从最初的天真坠入痛苦的现实中。

梭罗把马萨诸塞州看作地狱,用极端的措辞表达他的义愤,觉得自己被背叛了。伯恩斯,一个无辜的人被监禁,在痛苦中等待被遣返。这表明,不公正充斥在生活的方方面面,使曾经体现生命价值的活动和成就都贬值了。假设你有一个小的图书馆,墙上装饰了很多名画,四周是花园,你每天思考着自己科学和文学方面的追求,却突然发现你的别墅以及里面所有的东西都身处地狱,那么所有的东西就突然失去了价值。

在创作《马萨诸塞州的奴隶制》的同时,梭罗也在修订《瓦尔登湖》,他记忆中的湖畔小屋在这场危机中变成了地狱中的别墅,而这个国家的政治罪行和同胞的道德麻木导致它堕落。在瓦尔登湖畔试验之后,他的主要目标就是恢复日常体验的价值,但现在他认识到政治危机会阻碍他目标的实现。

政治危机的根源是道德堕落,这个国家贬低了伯恩斯的生命价值的同时,其他公民的生命价值也被贬低了。梭罗觉得自己生活在地狱中,其实是生活在一个生命价值被贬低的地方。评判政府只有一个简单的标准,即一个好的政府会让生命更有价值,而不好的政府会贬低生命的价值。

梭罗把最猛烈的批评指向了官员们,这些官员直接参与了监禁伯恩斯的事件。爱德华·劳瑞主持了对伯恩斯的审判,结果伯恩斯被遣返,于是他成为梭罗的主要攻击目标之一。虽然梭罗对劳瑞和其他官员的行为非常失望,但他的批评不仅仅是对个别人的控告。他的主要论点是道德评判高于现成的法律,其"更高的法则"就是强调在创建和维护法律时人类要有更多道德上的考虑。在对法则的不断重复考量中,人们才能最好地表达和开发基本的道德自由。法律不能使人自由,人才能使法律获得自由。他们热爱法律和秩序,并遵守法律,而政府却破坏法律。不计后果地一味遵循所谓合法的东西,不去考虑每个事件中存在的问题,那样会丧失良心和道德责任感。因此,机械地遵循法律不是自由,而是束缚自我。

伯恩斯事件表明个人在社会制度面前放弃了道德自主权。梭罗把放弃道德责任与城市化联系在一起,认为城市化会带来民主的衰落。在某个无名的乡村小镇,农夫们坐在一起进行特殊的小镇会议,就困扰国家的某个话题表达自己的观点,这才是真正的国会,也是美国最值得尊重的会议。这种认为城市腐朽的看法暴露了梭罗的守旧倾向,但也提醒人们在逃亡奴隶事件中他们的权利被侵犯。当地公民和机构的合乎道德的决议不被采纳,人们在整个政治社区中失去了参与感。梭罗敦促民众要形成"真正的国会",掌控自己的社区和良知。

梭罗呼吁人们要否认、反抗、不服从那些不公正的法律,正是那些法律认定伯恩斯是奴隶,要遣返他回弗吉尼亚。梭罗猛烈抨击那些法律和法律的执行者,并指出不仅要批判,还要直接反抗。反对奴隶制的人们慢慢意识到,美国宪法是保护奴隶制的,宪法是废除奴隶制的最大障碍之一。在一次反奴隶制大会上,梭罗发表了《马萨诸塞州的奴隶制》的演讲,威廉·加里森更是当场烧毁了宪法,强调追随者们必须准备好采取极端手段去废除奴隶制。梭罗也觉得有必要采取紧急激进的行动,突破目前法律的限制,不可以向维护奴隶制的法律低头。他呼吁州政府打破和国家宪法的联系,解除和奴隶主的联盟,强调更高的、公正的法则优先于宪法,优先于所谓法定的联盟。

每个人都应参与反奴隶制运动,帮助所在的州废除不公正的法律。如果州政府拖延、办事不力,每个居民都会解除与它的同盟。麻省公民与法律和政府机构之间联盟的解体对于净化这个腐朽的州是第一步,也是最重要的一步。这与其说是个人的独立宣言,不如说是让法律获得自由的行为。政策不是道义,它不保护任何的道德权利,它所考虑的仅仅是权宜之计。失去了道德方向的政府必须被抵制,因此梭罗拒绝服从麻省政府,并且对其法庭也表示蔑视。

梭罗会采取什么行动呢? 这也是困扰整个反奴隶制运动的问题。如果要挽救自己的生命,就必须为之战斗。但是,如何斗争呢? 和谁斗争呢? 一个人如何拒绝服从政府呢? 如何帮助伯恩斯呢? 梭罗在对麻省官员和制度表示蔑视的同时,似乎也承认了这场战争的失败。

梭罗也表示支持伯恩斯获得自由,让公众了解更广泛的反奴隶制斗争。他在寻找和他志同道合的团体,寻找肯定和支持是公民权利的关键因素,也是政治发展的关键。同时,梭罗认为伯恩斯事件改变了他居住的环境,贬低了他的生活意义。他感到自己从自然界获取新的领悟和活力的能力削弱了。他处在政治引发的愤怒中,在自然中无法释放出来,国家事务破坏了他的散步兴致。他心里想的都是对国家不利的事,不自觉地想和它作对。他提到了康科德地区吸引人的湖泊,想要得到内心的宁静。那种宁静和他思维中不自觉的暴力形成了强烈对比,他觉得自己很难恢复理性,好像某种奇怪的力量控制了他的意志。然而,当他偶然发现一株白色睡莲时,他的理性又恢复了,他那慷慨激昂的政治义愤减弱了。

梭罗在日记中写道:"又闻到了白睡莲的清香,我等待的季节来到了。构成了夏季的这种体验是多么不可缺少! 它是纯洁的标志,而它的香气让人想到了纯洁。在不流动的污浊泥水里生长,它这么纯洁、优雅地在眼前绽开,气味这么芬芳,仿佛是在向我们展示纯洁和芳香的特性,而且纯洁和芳香能够从大地的黏腻、污浊之物中提取。我想我是摘了至少一英里外的最先开的一朵。在睡莲的香气里,我们的希望得到了证实!尽管有奴隶制以及北方的怯懦和不讲原则,我为了它也不会这么快就对人世灰心失望。它暗示人们行为变得美好的时代将会到来。既然我们身边的植物发出如此的芳香,那么谁又会对自然的年轻和健壮表示怀疑呢?既然自然每年仍在配制这样的香气,我们也就仍然相信她充满了活力,而人类之中也仍然存在他们所认识和热爱的美德。就仿佛所有的纯洁、芳香和美德都从大地的污泥腐土中提取出来,在一朵花中得到体现。这是美德的复活!我由此想到大自然不会认同'密苏里妥协案'这样的东西。我在白睡莲的清香里闻不到妥协的味道。在这香气里,芳香、纯洁和坦诚与猥亵和有害完全分离开了。我从里面闻不到马萨诸塞州长或波士顿市长那无节操可言的犹豫不决。所有正当的行为都散发着这样的香味。因此,你做那些带香气的行为将会使空气里总的香味得到增加,而当我看到或闻到花的香气时,我不会记起你的行为前后是多么不一致,因为所有的气味都归结到了一种展示道德品质的形式里。要是没有高尚的行为,睡莲就不会散发出香味。肮脏的污泥代表了人的懒惰和邪恶,香花从里面长出来,因为纯洁和勇气从里面产生。这些美景、乐音和香气汇聚到一起,使我们相信我们的永生。没有人会对这一切证据提出异议。我们的外在感觉与内在感受和谐一致。这种香气让我确信,即便其他的人都倒下了,也会有一人迅速站起;即便一场瘟疫横扫大地,至少也会有一人不受伤害。自然的创造力并没有削弱。她的花朵还像以前一样美丽、芬芳。"

　　所以,偶然发现睡莲的那一刻十分重要。梭罗偶然闻到了睡莲的香味,就知道他等待的季节来临了。睡莲是纯洁的象征,这个意外的经历带来了惊喜,就像月光下景色带来的不同寻常的冲击。出乎意料,梭罗闻到它的香味,恢复了清醒,恢复了对思维的控制。

睡莲香味的悄然袭来使梭罗明白等待的季节已经来临。花是季节更替的标志,但这里的季节还带有政治含义。他在等待政治和法律正义的新的季节的来临,等待美国政治氛围的变革。花是一个有力的象征,因为它在污浊的淤泥中蕴藏了纯洁和甜蜜。鉴于他对美国政治和法律制度尖锐且严厉的攻击,"污浊的淤泥"就象征了这些制度,更重要的事实是淤泥中最终会长出纯洁的花朵。花朵的清香证实了人们的希望,由此梭罗对整个世界也不会那么绝望。虽然奴隶制仍然存在,虽然北方人仍然胆小、缺乏原则,但花香使他明白困扰他以及整个国家的政治困境不会永远持续下去。奴隶制和奴性没有真正的生命力,它们不会持久,会有新的、进步的力量将它们一网打尽。

有关睡莲的论述看似是关注点的突然转变,但实际上是梭罗政治论述的拓展,并且强调了一个事实,即看似失败且无望的处境也会生发出不断的变革。政治批评必须要怀有一种希望,否则就是徒劳的。睡莲的香味证实了人们的希望,象征着自然无尽的力量,也象征着创造更好的国家和社会的可能性。如果自然年年都散发着香味,那么它就仍然年轻而且充满活力。它的诚实正直和天赋未被破坏,人类美德仍在。

梭罗一方面因为奴隶制而愤怒,另一方面又坚信人类美德的存在,这样就可以解释他为什么十分推崇约翰·布朗。1800 年,布朗出生于康涅狄格州的一个白人农民家庭。其父为废奴主义者,因而布朗从小受反奴隶制思想的熏陶。他 1856 年曾参加堪萨斯内战,赢得胜利。1859 年,他领导美国人民在哈伯斯费里举行武装起义,要求废除奴隶制,并逮捕了一些种植园主,解放了许多奴隶。布朗的起义最后被镇压,他也被逮捕并杀害。大部分历史学家对布朗持肯定态度,包括作家爱默生及梭罗。在梭罗眼中,布朗是道德勇气的化身,标志着新的政治季节的到来。布朗有一个特殊的信念,即为了解救奴隶,一个人完全有权利用武力干涉奴隶主,梭罗对此十分赞成。布朗认为践行这一信条是他的使命,这一使命使他的生命如流星一般划过生活的黑暗。布朗就是一个超自然的存在,他的行为进一步证实人们的道德力量并没有被奴隶制削弱。虽然布朗被处死,但他的事业不会结束,他对整个国家的道德影响力不会削弱,他的生命只会更加鲜活。

第八章　自然循环

第一节　生命的奥秘

　　梭罗文学生涯的最后一个阶段给人们带来了理解上的困扰，造成这种情况的主要原因在于他的早逝。很可能在 1836 年，他就感染了结核病，但并不严重，于是到了 30 多岁时，他的身体又好了起来。这一时期，他经常进行长距离的远足和其他户外运动，极具活力。然而在 1855 年，他有一段时间很虚弱。到了 1860 年 12 月，他得了感冒，结果感冒恶化成严重的支气管炎。他的身体状况大大受损，蛰伏已久的结核病卷土重来，他再也没能完全康复，在 1862 年去世了。他所从事的具有极大抱负，并能展现非凡能力的文学和科学课题在 44 岁时戛然而止。他人生的最后一年就是把可发表的讲座和其他材料提供给《大西洋月刊》，但是有几项重要的课题没有完成，那是对自然历史的研究，表明了在《瓦尔登湖》之后他那具有创新性的思维导向。在一个多世纪后，布拉德利·迪恩编辑并出版了其中一些未完成但极具启发性的重要课题。随着环境研究和科学史研究的兴起，学者们开始重新评价梭罗最后几年文学导向的意义。人们看到的不是文学生涯的最后阶段，而是一项了不起的综合性工作的开始，里面涉及哲学、文学和科学。在这项工作中，对经验式观察和数据收集的投入是综合性理论形成的基础。

　　1854 年《瓦尔登湖》出版后，梭罗开始将主要兴趣从人文世界转向自然世界，从已开垦的土地转向尚未开垦的荒林，从康科德邻人转向他所说的"为事实而疯狂"的科学观测与书写之中。西方学者很早就注意到梭罗科学书写的转向,其中颇具代表性的是派里·米勒在题为《全球浪漫主义语境下的梭罗》一文中的论断:"(它们)不过是观察、测量和数据的乏味的记录……足见作家创造力的衰退。"《梭罗日记精华》的编辑奥戴尔·谢泼德也认为梭罗的科学书写是机械的写作,充满了学究气。与之相反,在以劳娜·瓦尔斯为代表的研究者看来,梭罗科学书写的意义不仅在于科学的实用性,更在于其所表达的思想的深刻性与现代性。他的关于文学和科学人士"两种文化"冲突的观点比 C. P. 斯诺要早100 余年;他的生命学说"生机论"与 A. N. 怀特海的"机体论"高度契合;他对科学局限性的认识和批判在晚近的著作如《花园里的机器》等中也有不同程度的回响。正因为如此,梭罗后期作品的编选者盖瑞·纳布罕坚持认为"它体现了一位卓越的美国作家在其事业达到巅峰之时,成功地使科学与文学成为彼此充实而非彼此排斥的研究"。

文学学者们认为梭罗的成就在于对自己领悟到的东西能进行复杂的、象征性的表达,《瓦尔登湖》就是很好的例子。学者们把他的经验哲学看作想象力的衰退,他无法在自然和精神世界中自由穿行,他关注事实,但事实又无法发展为真理。梭罗也曾提到自己的担心,担心自己的哲学和充满诗意的想象力会干涸。后来,这种想象力衰退的论点被一个新的观点代替,这种观点表达了对他 1854 年以后作品目标和成就的肯定。梭罗被视为科学和生物学方面的思想家,现代读者尤其倾向于这一观点,认为他的作品对自然界进行生态解读打下了基础。对这些读者而言,梭罗的经验哲学与其说是想象力的衰退,不如说是对爱默生的唯心主义进行的必要修订和更改。

如果梭罗沉浸在科学研究中,那么我们必须要注意他在这项工作中的矛盾情绪。他认为这项工作要放到更大的哲学研究框架中去,所有的科学都只是权宜之计,只是达到目标的一种手段。他的目的不仅是要获得经验知识,还要获得统一的模式。可见,爱默生的相关研究课题对梭罗影响很大。仔细研究梭罗的日记以及他后期的自然历史研究课题和相关文章，令人吃惊的是他对科学概念和技术的掌握。与此同时，他也认识到科学在认识论上的局限，其哲学基础受到极大限制。他努力学习经验科学，但这只是达到更大范畴的目的的手段。

在生命的最后十年，梭罗计划要完成的课题相互连接、环环相扣，其中经验式的观察和形而上学的构思都发挥了十分重要的作用，而且两者互为补充。这些课题的最终目的是要研究和描述自然规律的运作方式，以及自然能量的模式、构造和原理。这些规律或原理解释了自然界的物质现象，也阐明了人类的意识、感知和内心思想。

虽然梭罗的导向趋向于经验主义，但他没有放弃他的设想，即了解自然各个部分之间的互补互动，以增强人们对自然界整体的认识。他从下到上来认识这个整体，发现秩序和条理不是由上方决定的，而是来自下方，来自各个个体之间的互动。他从 19 世纪 50 年代初到他去世期间写的日记，讲述了他如何对大自然中的个体进行直观且详细的观察，并且把它们最终融合在一起。他专注于细节，相信对细节的深入认识会消除个体之间的差异和界限。同时，他认为要想全面了解一个事物，只能把它放在更广大的系统中，不断地认识和了解个体就是为了加深对整体的认识。

在 1856 年的日志中，梭罗提到他对植物学越来越感兴趣。在上大学时，他曾系统地学习过植物名称。6 年前，他又开始了学习，把植物样本放在帽子里带回家。他想要了解这个地区的植物名称，想要了解他的邻居们，想和它们更近一些。他研究的不仅是植物名称，还有生物特质。这些生物和他共同生活在一个地方，和他遵从一样的规律。

梭罗把对植物的研究与他日常的散步模式融合在一起，研究植物有时是散步的目标，有时是附带结果。梭罗从看似没有系统化的研究中获益匪浅。他越来越想要了解一种特定植物成长阶段的更确切的知识，以及它与周围环境的相互作用。于是，他连着几年跑遍小镇的各个地方,还跑到附近的小镇,认真地观察植物何时开花,何时长出叶子,经常一天跑二三十英里。

梭罗的研究动力看似是对植物生长和更新循环模式的极大好奇心,事实上,这种好奇心既源于求知欲,还源于情感需要。因此,这种研究是自发的、本能的,一方面是在研究自然,另一方面是在努力理解自我。

对于植物生命循环和生存环境的野外考察与梭罗对于日记的投入紧密相关。到19世纪50年代中期,日记变成了他的主要工作,后来所有的研究课题都以日记为基础。1856年在一篇日记中,他讲述了如何在贝奇·斯托沼泽里搜寻罕见的蔓越橘。这种自然主义者的远足是一种想象力的追求,他想找到与社会共存的临近的"旷野",他寻找自然的规律和模式也是要努力学会如何在自然中生活。在19世纪50年代早期,当梭罗开始了解康科德区域植物和环境的详细情况后,他也开始探索如何让自己有意识地完全融入那个世界。

1853年,梭罗在日记中写道,他对周围和他同一时代的每一株植物都很感兴趣,认为植物和他一样是这个星球的居民,但他也明白植物本质上充满野性,就像他在煤炭上看到的那些奇怪的植物化石。亲近感和野性并存,促使他不断深入研究康科德周围自然的运作方式,他把植物学工作看作靠近从未被了解的神秘力量的一种方式。

虽然梭罗在理解和应用科学方面有很高的水平,但他对科学的潜力仍然保持警惕。植物生命的奥秘与人类相似,既然生理学家不能靠机械的规律解释人类的成长,那么我们也不能指望用手指就能探究动植物生命的神圣之处,否则我们就只能发现事物的表面。表面是限制性的边界,所有的思想必须要跨越这个边界。而思维和感知力要想穿透或打破自然的表面,不被表面所限制,哲学是驱动力。

梭罗提倡科学研究的重点在于细微的差别、微妙的洞察力和充满敬意的态度,最终的成果是流出的精粹,只有纯粹的对神的崇拜者在神圣的距离之外才能感知到。科学就像幼虫,它虽然寄生在水果的胚芽中,但只会损害或毁掉水果,永远不可能真正品尝到水果的味道。他用幼虫钻洞和蚕食的意象表达对经验科学的厌恶。虽然科学在很多方面对他有吸引力,但他不想冲破表层去追寻本质,他只希望认识事物表面流出的精华。在他看来,从植物果实和花朵的芳香中就能感知到一些理念,但这需要观察者在追求自然知识时仔细、虚心并乐于接受,不要像科学那样具有破坏性。

梭罗在此攻击的不是广义上的科学,而是狭义的科学。他想要远离那些分散的目标、狭隘的事实收集工作,并不断提醒自己他有更大的目标。他清楚这需要详细的观察,也认识到这样细致且费力的工作会有损综合能力、直觉和推断能力。他不时地会提醒自己要站远一些,尝试感觉事物流出的精华,而不是盲目地探究表层以下的东西。

梭罗抵制科学还因为科学事实不一定是对纯粹现象的感知,而是一种特定形式的人类社会实践产生的有条理的结果。虽然很多新的学科,如地质学、植物学、动物学,提供了海量的信息,梭罗对此也很感兴趣,但他与现代实验科学的提倡者阿加西的交往使他意识到现代科学披上了人类的外衣,科学信息的获得在某种程度上受到从事科学实验的人的方法、假想和社会身份的影响。这些考虑并没有使梭罗放弃他的经验式研究,但他的确和现代科学的权威保持了重要的、关键的距离。

早期的探索家和自然历史学家对于动植物也有过生动且易懂的描述,而且他们的观察和发现并没有依赖现代科学框架和术语。梭罗很钦佩他们,称他们为老一辈自然主义者。他认为,老一辈自然主义者的描述生动且逼真,他们和笔下的生物产生了共鸣。康拉德·格斯纳笔下的羚羊在喝到幼发拉底河冰凉的水时显得那么愉悦,而大多数现代自然主义者笔下的动物却表现不出任何快乐。老一辈自然主义者能够使描写的对象充满生机,而现代人尽管有更系统化的知识,却似乎缺乏这种天赋。

梭罗很希望自己在进行科学观察时也能拥有老一辈自然主义者的优点。他们描写的不仅是对象本身,还有生存环境。他们描写的是复杂且不断拓展的关系循环,在这个循环中,个体得以形成和维持。梭罗坚持认为自然主义者的情感在科学工作中十分重要,那种影响自然物体的快乐有助于自然主义者发现真理。对自然的研究一直以来就是对人类生存和发展过程的研究,否认或掩盖这个事实是不诚实的且有害的,而且情感和想象力是寻求真理的重要途径,逻辑严谨的线性思维是无法获得真理的。诗人和先知们壮丽的构想比现代地质学家谨慎的陈述更加真实。老一辈自然主义者、诗人和先知是在提醒人们现代科学的局限性,他们是获取知识和进行表达的另一种选择,这扩大了梭罗对野外考察目标的认识。

科学需要的客观性尤其困扰着梭罗,因为它似乎在观察者和自然之间插入了一个人为的命名和分类的框架。梭罗努力对自然事物进行直观的感知体验,不以理论或体系为中介,乐于接受全新的、令人吃惊的或奇异的事物。这暗示着一种参与其中的观察方式,他总是能意识到自己与观察物体之间的关系。笃信科学的人会犯一个错误,那就是他们认为人们应该把主要的关注投向令人激动的、不依赖于人的现象,而不是与人类相关的现象,但是只有承认相关性才能使观察行为有价值且具有权威性。

1860 年,在一篇日记中,梭罗描写了他所渴望的参与式的观察,努力在科学家的权威和自然人的权威之间达到一种平衡。他认为,从科学角度思考自然是重要的,记住命名法和体系,并朝那个方向更进一步。同样重要的是要忽视或忘记人类认为他们所知道的,用创新的、公正的观点来看待自然,让自然随心所欲地给你留下印象。这里梭罗强调的重点是要对自然界的现象采取谦虚和接受的态度,有能力接收自然留给你的印象,公正地看待自然。这是人类的天赋,却消失在现代生活的日常体验中。梭罗认为,这种天赋急需恢复。

梭罗渴望参与式的观察,坚持与观察的物体保持联系。他确信自然研究是认识一个不断扩展的关系网络的过程,其中每个个体都发挥着作用,并且个体之间相互作用。长久以来,他的信念是自然研究与自我修养紧密相关。这种信念是他研究自然历史课题的重点所在,也使他的日记变成了野外考察的记录。他这种横向的认知框架与更大的哲学目标相关。自然物体之间紧密相关,环环相扣,从几十到几百再到几千,创建了一个完整的框架。即使后来他的研究课题要求重视细节,他也努力维持细节之间的相关性,从而形成更大的范畴、更大的体系和更大的意义网。

"关系"和"过程"是梭罗理解自然现象过程的关键词。他逐渐认识到,自然界中的事物不是孤立的也不是静态的。自然主义者必须认识到物质宇宙的凝聚性和动态力量。梭罗还指出,观察者没有控制权,他与外部世界相互关联并依赖于外部世界。梭罗科学尝试的主要动力和重要结论就是他认为植物生命的奥秘和人类生命的奥秘相似。

第二节　与叶子为伴

"关系"和"过程"是关于自然综合理论的基础,也反映出梭罗对于自然循环和周期的着迷。他发现特定的自然物体随环境的变化和发展是可以预见的。爱默生曾描写过与梭罗散步的经历,他注意到他的朋友对于季节变化的规律十分着迷。爱默生说,与他一同散步是一件愉快的事,也是一种特权。他像一只狐狸或是鸟一样彻底知道这地方,也像它们一样,有他自己的小路,可以自由通过。他可以看出雪中或是地上的每一道足迹,知道哪一种生物在他之前走过这条路。我们对于这样的一个向导员必须绝对服从,而这是非常值得的。他夹着一本旧乐谱,可以把植物压在书里;他口袋里带着他的日记簿与铅笔,一只小望远镜预备看鸟,一只显微镜、大型的折刀、麻线。他戴着一顶草帽,穿着坚固的皮鞋,坚牢的灰色裤子,可以冒险通过矮橡树与牛尾菜,也可以爬到树上去找鹰巢或是松鼠巢。他徒步涉过池塘去找水生植物,他强壮的腿也是他盔甲中重要的一部分。我所说的那一天,他去找龙胆花,看见它在那宽阔的池塘对过,他检验那小花之后,断定它已经开了 5 天。他从胸前的口袋里把日记簿掏出来,读出一切应当在这一天开花的植物的名字,他记录这些,就像一个银行家记录他的票据几时到期。兰花要到明天才开花。他想他如果从昏睡中醒来,在这沼泽里,他可以从植物上看出是几月几日,不会算错在两天之外。红尾鸟到处飞着,不久那优美的蜡嘴鸟也出现了。它那鲜艳的猩红色非常刺眼,使一个冒失地看它的人不得不拭眼睛。它的声音优美清脆,梭罗将它比作一只医好了沙哑喉咙的莺。不久,他又听到一种啼声,他称那种鸟为"夜鸣鸟"。事实上,他始终不知道那是什么鸟,寻找了它 12 年,每次他看见它,它总是正在向一棵树或是矮丛中钻去,再也找不到它;只有这种鸟白昼与夜间同样地歌唱。我告诉他要当心,万一找到了它,把它记录下来,生命也许没有什么别的东西可以给他看的了。他说:"你半生一直寻找而找不到的东西,有一天你会和它觌面相逢,得窥全豹。你寻它像寻梦一样,而你一找到它,就成了它的俘虏。"虽然梭罗的研究覆盖面广,但这些研究慢慢集中在康科德地区开花和结果植物的生命循环上。在日记中,他使用了"日历"这个词,很明显他打算写一部每年发生在家乡的自然现象的综合史。他广泛阅读自然历史和生物知识,并且每天花费大部分时间到自然中散步。他记录水果成熟的日期、鸟类的出没、乔木和灌木发芽的顺序等,并制作成可供查询的表单。几百张表单几乎覆盖了康科德地区所有物种,呈现出每一个月的数据。他详细描写了植物长叶、开花和结果的模式,并越来越痴迷于季节的循环往复。在这种模式中,他看到了自然的秩序。在他生命的最后两年,他把详细的季节观察绘制成像日历一样的表格。叶子、果实和种子能有力证明自然的多样性和永恒性,因此他把后期的野外观察浓缩为一些研究课题,主要关注植物生命奥秘中的这三个因素。

自然过程和循环是如何反映艺术和创新思想的,这一点让梭罗很感兴趣。1841 年,在一系列的诗歌中,他探索了叶子坠落的含义,也曾构想一首题为《康科德》的诗,目的在于描写当地的乡野和季节变化。《瓦尔登湖》的季节性结构以及对湖泊和周围景色的密切关注,只是部分地完成了这个构想。对梭罗来讲,季节的更替是一个不朽的话题。1853 年,当他看到纷纷落下的亮丽颜色的叶子时,大为触动。经过长时间的构思,他写了一本名为《十月,抑或秋色》的书,描绘那些从树上、灌木上等落下的有亮丽、奇特色彩的叶子。第二年春天,他以时间为序列出了当地树木的出叶情况,之后的秋天,他又开始记录叶子颜色变化的顺序和层次。他把这些观察结果集中起来形成了一个讲座,并在 1859 年 2 月首次发表,这也是《秋色》的出处。这个讲座表明,更加系统化的观察模式能产生重要的成果。

如果将《瓦尔登湖》比作梭罗创作的盛夏,那么最后十年对梭罗而言,就是一个绚丽的秋天。《秋色》是他的名篇,其精美的文辞颇受赞誉。在文中,梭罗引导读者漫步于康科德秋季的乡间,欣赏紫草形成的淡紫色薄雾,邂逅最早变成深红色的红枫以及黄色华盖般的榆树。随后,划着小船顺流而下,荡开水面上灿烂的浮叶。高大的糖槭树飘扬着它一千面鲜艳的旗帜。在猩红栎下驻足,闪亮的叶片跳动着与日光融为一体。

《秋色》一文是对新英格兰秋天的颂扬,这是一个在梭罗和许多人看来值得高兴和令人惊叹的现象,同时这种现象也带有哲学意义。梭罗在《瓦尔登湖》之后的作品大都如此,在表达上更加克制,更多的是暗含的意义。色彩不断变化的叶子可能另有所指,有好多层含义,是大量富有感情和智慧的联想。这些联想与其说是达成某种更广大的哲学假想的手段,不如说是呈现了一整套联系松散的思考和推测。

"叶子"和"生命"之间的大量的联想和对应是梭罗研究课题的基础,也肯定了他的设想,即研究自然的完整性也是在研究自我。在 1854 年的一篇日记中,他这样写道,你难道没有感觉到春夏的果实正在成熟,你内心的种子长成了吗?你的思维开始变得连贯，散发出香味，且日趋成熟。这既是一种自我反思，也是在暗示不断发展和成熟的自我，是超验主义者自我修养的根本启示。1854 年 3 月，他记录下小溪里冰晶的形成过程。冰晶的形状像羽毛或扇形的珊瑚，十分精美。对梭罗来讲，这个观察结果清楚地证实了歌德的理论，即叶子是普遍的自然形态，它的发展规律和模式在《瓦尔登湖》关于沙叶的论述中已有说明。他发现，即使是冰也是由叶子开始，鸟的羽毛和翅膀来自叶子，大树和河流也都来自叶子。叶子是《秋色》一文中根本的哲学原理。

　　秋天的色彩体现了成熟的特质，这是文章的中心思想。在一年的四季当中，秋天既是收获的季节，也暗示着即将凋谢走向衰亡的时刻。而不论是高大的树木还是卑微的小草，所有的植物都以一种特殊方式向生命告别，即以色彩的绚丽将生命中最美的光彩释放出来。它的表现较之春天的花朵毫不逊色，而且其规模、壮丽、气势是任何时候都无法比拟的。这种绚丽的色彩不仅呈现为果实的五彩缤纷，而且以层林尽染的着色抒写生命的华丽，这恰恰是生命面对死亡、面对轮回、面对更新的一种乐观和豁达的精神境界。有学者认为，这种成熟和即将来临的死亡是文章的表现力所在。梭罗对于叶子成熟并坠落的思考，在某种意义上说，也是对自己生命的思考，对每种生物生命的思考。叶子色彩的变化证明它达到了完美的成熟，当初绿色的叶子只是为这个目标服务的。绿色的叶子促进了树的生长，而秋天彩色的叶子似乎成了树生存的最终目标。叶子成熟了，成了自然的一部分，自由地进行自我表达，那是一种美的表达。

　　《秋色》一文也强调了梭罗所提倡的"道德自由"，强调心性和自我导向是完善自我的途径。在达到最终的成熟之前，叶子必须经历不同的发展阶段。每个阶段都有价值，都很重要。叶子最终的成熟改变了树的身份，一棵树变成了山谷中最美的风景，周围的森林也因它变得更加朝气蓬勃。

　　梭罗虽然一直在寻找一个模式来界定叶子的生命，但他更着迷的是叶子最终的成熟，这暗示了充满野性的不可预知性，是一种放纵且美丽的自由。叶子的自我表达十分完美,超越了界定的界限。

就在叶子枯萎落下之前,它们获得了自由。对于死亡,梭罗似乎非常达观,认为符合自然规律的死亡是值得赞美的。"树叶多么优雅地走向坟墓!多么温柔地让自己躺下来发霉!⋯⋯在静静地长眠到自己的坟墓中之前,它们有过多少次翻飞啊!那曾经如此高飞的它们,多么满足地重归泥土,低低地躺着,顺从地躺在树脚下腐烂,为它们的新一代的诞生和高高飞翔供应养分。它们教会我们怎样死亡。"他甚至一语双关地说:"当树叶飘落,整个大地就成了墓园,在里面散步令人愉快。"自我实现和死亡之间有一种联系,树叶的腐烂使土壤变得肥沃,比起任何谷物或种子,这才是一年的伟大收获。在这样一个死亡、腐朽、再生的循环中,它们弯下腰来是为了抬起头,是为了来年长得更高。它们的死亡不应该哀悼,而应该庆祝。它们走向坟墓时是多么美好,它们教会人们如何死亡。在文章中,伤感从未占主导地位。虽然梭罗承认,秋天之后便是冬天,叶子在展示美丽的色彩后会落下,但最令他印象深刻的是改变带来的惊喜和全新的感觉。他曾提到一棵树能使整个风景充满活力,并且刻画了鲜艳色彩所具有的充满表现力和超凡的特质。叶子带来的视觉冲击既肯定了它们的存在,又让人怀疑它们的真实性。同样的,他还提到了森林里红得似火的灌木、美得令人难以置信的大树。如果这样的现象只发生一次,按传统它会被传至后代,最终成为神话。

叶子成了自我的典范,梭罗的描写既精确又有感召力,描绘了新英格兰秋天不断变化的色彩,赢得了读者的喜爱。在论述和描写过程中,梭罗又加入了简短的、令人难忘的叙述,讲述对叶子的体验以及和叶子之间的关系。他是在践行与自然的共鸣和对自然的坦诚,这样的体验是完善个性的必经之路。他曾在仲秋时登上一艘小船,寒霜、大雨和狂风吹落了一地落叶,小船从船底到座位都被黄金柳的叶子覆盖了,叶子是船的装饰。梭罗开始在河上旅行,宁静的河面有无数美丽的倒影,最终他停泊在一个宁静的小河湾。沿着河轻松地漂流使人倍感宁静和安详,这也是秋天给予的情感收获之一。河上的旅行就像一场心灵之旅,梭罗获得了一种哲学上的宁静。梭罗后期散文的独特成就之一就是他乐于接受的态度,这种态度曾出现在《河上一周》和《瓦尔登湖》中,但是十分短暂。

梭罗意外发现自己周围都是叶子,而叶子就像是旅伴,似乎和他有同样的目标,又似乎和他一样漫无目的。叶子和他相伴为侣,有着难以想象的联系。梭罗能够在这些不同的自然创造中解读他自己,他认识到自己和它们之间有一些共同的特质,这也是《秋色》一文的核心观点所在。

梭罗和叶子都依靠水向前推移,漫无目的,这也是他观察、描述并颂扬世界的方式。他不再只是秋天的旁观者,他变成了秋天的一部分。叶子的旅伴是一个向往自然生活的人,他是这个舰队中的一员,在生与死的洪流中占有一席之地。

如果这个简短的叙述部分使叶子变成了亲密且熟悉的旅伴,之后的篇章则强调他们有同样重要的神秘和野性的特质。梭罗把一片猩红栎的叶子带回家,拿到壁炉旁,看到了奇特的现象。窄窄的叶片有着明显的、深深的锯齿边缘,这是一种充满野性的、令人愉悦的轮廓。端详着叶子宽阔、自由且敞开的弯缺,以及长长的尖锐的叶片,尤其是锯齿形的边缘,能引起观看者的注意,激发他们的想象力。如果把叶子上所有的尖端连起来,就是一个简单的椭圆形轮廓,但是叶子要丰富得多,6个深深的锯齿饰边使观察者的眼睛和思维都驶进了这个港湾。

栎叶的锯齿边缘所形成的港湾把这一时刻与梭罗之前停泊在宁静港湾的叙述联系在一起。在这种情况下,树叶不是旅伴,而是他航行的地图。叶子成了一个新的世界,是探索和发现之地,是一个全新开始的地方,是海洋中某个有着宽阔海岸线的岛屿。具有圆形的海湾、光滑的海滩、尖锐的海角的地方,是一个适合人类居住的地方,注定会成为文明的中心,旅伴变成了旅行的目的地。

梭罗把这些叙述插入《秋色》一文中,作为全新看待世界的范例,即在平常事件中不仅可以发现意想不到的、不同深度和层次的意义,还可以进入并成为那些事件的一分子。他不仅要观察秋天,还要成为它的一分子。他系统化地描述了这个季节,一来是因为着迷,二来是因为他明白大多数反复经历过这个季节的人对于这个季节的概念很模糊,而且不完整。我们对物体认识不清,与其说是因为它们不在我们的视线范围,不如说我们根本没有用心和眼睛去好好看它们。我们看待世界的方式是被动的、不完整的,所以我们一辈子都无法看清大部分的自然现象。这样一来,我们的生活既脱离了自然,又迷失了自我。唯一的解决方法就是要认识到看清世界是我们的需要,发现世界是一种自我实现。

第三节　鲜美的果实

梭罗在《秋色》一文中精确列出了叶子变化的顺序,表明季节变化的循环是根本的、富有想象力的原理。同时,这篇文章也指引他修订了《瓦尔登湖》,为他未完成的作品《野果》提供了框架。《野果》是梭罗的最后力作,是他倾注其生命最后十年的全部心血,陆续写成的一组有关野果的散文。《野果》是一本完全可以与植物学专著相媲美的自然科学著作。在书中,梭罗满怀对大自然的忠诚和热爱,以他本人的田野考察过程为线索,翔实记录了北美地区多种野果的分布状况、开花结果的具体时间及其生命形态。这些野果有我们熟悉的榆树果、棠棣、野生樱桃、草莓、马铃薯等,更多的则是我们不曾见过或者不认识的熊果、滨梅、美洲高山岑、辛辛那提山茱萸等,总数大约有 150 种。梭罗既像一个真正的植物学家那样认真细致地观察和记录,又像一个童心灿烂的孩子为自己每一个小小的发现欢呼雀跃。这个大自然的赤子,他的一生过得实在是太寂寞又太充实了。

《野果》延续了梭罗一贯的朴素、庄重、纯美的文字风格,读来如行云流水,美不胜收,让读者的心灵得到沉淀和净化。因此,读《野果》不仅可以增长植物学知识,更是进行一次快乐的心灵有氧运动。在《柳叶蒲公英》里,梭罗娓娓写道:"大约是 5 月 20 日那天,我看到柳叶蒲公英结出了第一批籽,并和矢车菊一起各自将种子随风扬到草场四处,密密麻麻,连草地几乎都被这些白色的种子染白了。"

与《瓦尔登湖》相比,《野果》的思辨性有所减弱。虽然书中也有"衡量任何一项活动的价值都不能凭它最后盈利多少,而应该看我们从中得到多少长进……一般来说,得到的越少越快乐,越感到充实……芸芸众生总是容易上当受骗"这类思考人生、探索人生、批判人生、阐述人生的更高规律的句子,但梭罗更注重与大自然合拍,期望从大自然中得到纯粹的野趣。

《野果》是梭罗最后的重要作品,书中的篇章,短的不过百来字,长的有万余言,无论长短,读来都余味无穷,让人感到踏实安稳。记得《瓦尔登湖》的译者徐迟先生在《瓦尔登湖》的序言中,一再思告读者要把心安静下来,否则根本进入不了梭罗沉静的境界。其实,读《野果》时心也得彻底地安静下来,否则一句也读不进去。只要心真正静下来了,《野果》就是一大片野趣丛生的森林。

与《瓦尔登湖》中的哲人形象不同,在本书中,梭罗就像一位和蔼可亲、知识丰富的游伴和植物学老师,他满怀对大自然的神圣挚爱,以其野外考察行程为线索,娓娓动听地详细描述了各类野果在北美地区的分布状况,它们的花期、结果的具体时段和各自形态等生命艺术,以及当地各类昆虫、鸟兽(如各种鸟、黑熊、松鼠、牛羊等)与其产生的自然关系,从而让人感到身边一切草木的和谐、可爱和宝贵,以及各类生命间的相互依赖、相互扶持的重要。本书文笔优美,表述生动,读者阅读起来宛如进行一段野外旅行,不会有波澜壮阔、惊险曲折的经历,但会有令人回味无穷的乐趣和收获。

梭罗不仅细致地观察和记录,还亲口品尝大量的野生植物,记录下最直观的感受。他常常从泥地里拔出菖蒲品尝,"6 月过了一半,花谢籽结了,菖蒲也就不好吃了";"春天,搓揉一下菖蒲嫩嫩的枝干,就能闻到沁人的幽香"。

《野果》中少有《瓦尔登湖》中强烈的抒情性、哲理性,辩论性则更少。但从梭罗朴素庄重的笔触中,我们可以读出他对每一种果实的尊重和喜欢,对大自然馈赠的感激之情、敬仰之情:"不将苹果仅仅视为树上结出的新鲜有机混合物,而是满怀喜悦和感激地将其视为上苍厚礼,那该有多好啊……"在《合果荸》里,他写道:"大自然让合果荸的叶子被割掉,却保留住它的种子,等到洪水来临时再把它们冲到各地发芽生长。"天地不仁实为大仁,谦卑的植物看似顺应一切命运,却在其种子里葆有千万年遗传的坚韧,在大地上一代接一代地生存下去。如果把《瓦尔登湖》比喻为警醒流俗的大钟,《野果》则是深情的小提琴独奏,没有《瓦尔登湖》高亢,却如细长流水一点点沁入人心,并在熨帖人心时从更细微处体察个人生命与人类命运。

一天一天读下来,梭罗独自游荡的背影越来越清晰地出现在前方:他仰头看看云,摸摸身边的树叶,嗅嗅清凉的果,摘一颗尝尝。神情散淡,自由自在——人在天地间,起初就是这个样子的。只是后来欲求渐多,忘记了与动物说话、与植物交心,动荡不安的人心越来越不知如何安放。梭罗说:"大自然就是健康的别名。人类越来越认识到这一点,但贪婪的本性却仍阻止不了攫取的巨手,人类何时才能真正幡然醒悟呢——但愿那一天来得不要太晚。"

和《秋色》一样,《野果》也呼吁人们更加关注居住的世界,把普通的生活看作一种不断的探索。大部分人和居住地之间的关系就像航海家和大海中未被发现的岛屿。在任何一个下午,你都能发现一个新的果实,那么美、那么甜,带给你惊喜。当梭罗指引我们欣赏新英格兰果实全景时,他也教导我们要拓展果实的概念,不要认为果实只是吃的东西。在《野果》中,梭罗详细描述的内容是为了拓展我们平常的理念,是用果实来认识自然更广大的生长、维持和再生的过程。梭罗帮助人们扩展对于当地果实范围和种类的认识，带有微妙的以生物为中心的暗示，提醒人们果实不仅对人类重要，对其他动物也很重要，对于结果植物亦一样重要。

梭罗品尝食物的试验当然是源于他的好奇心，以及他想以多种方式、多种感官来体验自然界的激情。这也是《野果》想要告知人们的道理。既然他发现被人忽视的坚果美味可口，生活有了一种新的甜美，这时他和最初的人类由此相关。如果青草也很甜美，也富有营养，怎么办？自然看似与他更加友好，他更全面地了解了这个世界，与过去和现在的其他生物有了共同的体验。这样的认识使他在这个世界上更加舒适自在，成了这个世界众多关键部分之一。

和《秋色》一样，《野果》教会人们如何感知自然，如何在自然中生存，如何与自然共存。这些野果的价值不仅仅在于占有和食用，还在于观赏。人们总是习惯性地把果实和实用价值联系在一起，以至于不知道其他有效的感知方式。果实生长的地方和环境增添了它们的美。他赞美本地的果实，也赞美发现和采集果实的工作。寻找野果能使人们离开平常的路径，进入新的、很少探索过的地方。为了找到最好的蓝莓，人们必须冒险越过沼泽地的边缘，进入中心地带，在那里会发现更有野性、更丰富的景色。最有价值的果实不是国外进口的奇特果实，而是自己从某个遥远地方采摘的果实。梭罗的理论是你得到的越少，就越幸福、越富有，所以寻找的困难也是价值的衡量标准。

这样的采集工作就像漫步，是一种精神追求。在此过程中，采摘和食用果实都是对自然的纪念。在进行这个任务时，人们要谦虚和恭敬，用怦怦乱跳的心和小心谨慎的手采摘自然的真正果实。这个果实采集的过程，是回归到某个偏僻的伊甸园。

梭罗的任务是描写当地果实出现的先后顺序，他的策略是使平常的东西诗意化。日历是一种结构安排手段，时间是《野果》的主要关注点，也是梭罗以日记为基础的作品的关注点。不断变化的季节清楚地标明了时间，活在每一个季节中，呼吸着空气，喝着水,品尝果实,听任每个季节带来的影响。他在谈及四季的同时,也在谈论生命中的四季,体验果实成熟的特定时刻将会履行我们自己的诺言。

第四节　顽强的生命

《野果》中的主角是苹果,梭罗在他的散文《野苹果》中也对其进行了描述。这篇散文有一种富有感染力的、快乐的语气,与之相伴的还有生动的细节描写和带有伤感的口气,哀叹他热情描绘的事物的逝去。一开始他对生长在边界的苹果的描述是充满创意的、兴致勃勃的,但是事物最终的逝去给文章增添了阴暗的背景。在赞美苹果的基础上进行哀叹和预言,是梭罗最伟大的文学成就之一。

当然,梭罗赞美的不仅是苹果,因为他在苹果身上看到了传说、神话和礼仪传统。他把苹果与自然的富饶和人类社会的生存联系起来。很早以前,苹果就很重要了,分布也很广泛。这个名称在许多语言中都可以追根溯源,是对果实的总称。古代人以苹果为食,这在《圣经》和多种古典文本中都有提及。希腊语中的"瓜",意味着苹果,也意味着其他树木的果实,还意味着牛羊,是财富的意思。苹果树受到了希伯来人、希腊人、罗马人和斯堪的纳维亚人的赞美。有些人认为人类的第一对夫妇——亚当和夏娃,即是受到这种果实的诱惑。寓言中,虚构了女神们争夺它,安排龙去守护它,雇佣英雄们去采摘它。在《旧约》中,苹果树至少在三个地方被提到,苹果则至少在五六个地方被提到。所罗门歌唱:"正如苹果树位于林木之中,我所爱之人也位于子孙之中。"他又再度歌唱:"用酒壶留住我,用苹果慰藉我。"荷马和希罗多德都提到过苹果树。尤利西斯在阿尔喀诺俄斯的辉煌的花园中看见"梨子、石榴和苹果树正在结出美丽的果实"。根据荷马的说法,苹果是坦塔罗斯所无法采摘的果实之一——风始终把果实累累的枝条从他那里吹开。作为植物学家,提奥夫拉斯图斯了解并描述了苹果树。值得注意的是,苹果树的历史和人类历史的关系是多么紧密。虽然这段历史使苹果树成为所有树中最具有文明色彩的,但梭罗的最终目的是赞美苹果固有的且不屈的野性,他希望这种特质在人类身上也能复苏。

梭罗把对苹果的赞美与一系列古代习俗联系在一起,这些习俗用来表达得到苹果的快乐与感激。比如在圣诞节前夕,德文郡的农夫及其雇工拿来一大盆苹果酒,里面放上一块面包片,庄重地将其带到果园,然后用很多仪式向苹果树致敬,为的是让它们在下一个季节更好地结果。这种致敬仪式先是"把一些苹果酒洒在苹果树的根部周围,把一点点面包放在树枝上",然后"绕行果园中最为多产的苹果树之一,他们三次畅饮祝酒"。

《野苹果》一文中描写的野苹果,是梭罗在未嫁接过的苹果树园漫步时发现的。果树在没有人类培育的情况下大量生长、繁荣,而对于果树生长的描述是梭罗最生动的自然历史描写之一,观察是那么细致,想象力是那么丰富。其中既有梭罗对未来的希望,又有对过去的哀叹,正如野苹果那样,既象征着不屈的耐力,又象征着可悲的变化。他承认他对果园的描述来自记忆,并不是最近的经历,因为如今果园受到了很大的破坏。他的生动描述被一种失落感限制,他认识到野苹果的时代即将过去。

梭罗将对于时代终结的哀叹,融入对野苹果英雄主义典范的塑造当中。梭罗很欣赏野苹果的独立和极大的耐力,并希望能效仿。他觉得野苹果就像他自己,有文明的出身,却迷失在树林中。最重要的是,野苹果使他确信生命是不能完全确定或进行预测的。野苹果曾经是文明的果实,却打破了它的模式,创造了一个新的、完全不同的生命形式。它生长方式不同,在新的地方应对新环境带来的特定挑战,结出的果实非同寻常,充满吸引力。它有能力改变,有能力脱离既定的生命模式,使宇宙变成一个更加丰富多样的地方,一个有所期待的地方。

梭罗后期的自然历史作品有自相矛盾的地方:一方面他对于

循环的周期性十分着迷,这种周期性是自然界的既定规律;另一方面他渴望找到并了解自然中不同寻常的因素。他在了解和记录生、死与再生的往复循环时似乎充满激情,他对自然生成并维持反常现象的能力也很感兴趣。自然本身是全新的且开放的,野苹果表明了一种渴望,渴望看到一个开放且能不断变化的宇宙。

野苹果树与其说是一种静态的物体,不如说是自然界能量表达的原理。在对野苹果的描述中,梭罗对自然物体的观察变成了对能量、转变和动态互动渠道系统的绘制。自然万物有某种不稳定的、超凡的特质,代表了它们的最高价值,这种价值不能被庸俗化,也不能被买卖。要完全看清自然,就要看到这种不稳定性。

梭罗对野苹果的颂扬主要集中在野苹果能够战胜困境,最终长成并结果。在遍布牧场的苹果树丛中,有一两丛在经历过旱灾和其他事故后存活了下来,之后又因为放牧而倒下。它就这样一年一度被啃倒,却没绝望,在每一根嫩枝被啃倒之处又苗发出两根短短的嫩枝,在洼地里或岩石之间沿着低矮的地面铺展开来,成长得更加结实、茂盛。直到它成型,还不是一棵树,而是一个小小的、金字塔形的、僵直的嫩枝群,几乎如同岩石一样坚固而又难以渗透。这是梭罗所见过的最浓密也最难以渗透的矮树丛,而且,这些野苹果丛还长出了刺藜,以便保卫自己。然而,在它们长满的刺藜之中,却没有恶意,只有苹果酸。野苹果树虽然经历了缓慢且不寻常的发展历程,但始终没有忘记它的高级使命,成功结出了自己特有的果实。

在某种意义上,这种叙述方式和达尔文相似,只有几棵耐受力强的个体在恶劣的环境中得以存活并繁殖。尽管梭罗明白,自然生命力顽强,大量生命互相捕食,可以被牺牲,但他把野苹果的故事构建成一个道德故事,其中那种忍耐力和坚持不懈最终带来了欢乐的硕果。他的叙述植根于认真的观察和对特定地方动植物相互作用的认识,但他的想象力十分杰出,把这些过程看作对自然规律和道德规律的表达。

野苹果的存活和生长解释了创造性思维是如何在恶劣的世

界中努力存活和生长的。人类也是如此，只有最为持久稳固和最强劲的天才果树才能保卫自己，并且占据优势而盛行起来，最终向上苗发出一根脆弱的幼芽，把它完美的果实坠落到那并不领情的大地上。诗人、哲学家和政治家就这样在国家的牧草场上茁壮成长，比很多毫无创造性的人活得还要长久。对知识的追求就像是赫拉克勒斯的使命，冒着危险去采集被百头巨龙看守的"仙果"。作为对周围自然生活的观察者和记录者，梭罗的耐性和坚持造就了《野苹果》。

野苹果作为道德典范，既是这篇散文的哲学核心，也是梭罗后期相互关联的自然历史课题的哲学核心，但决定《野苹果》基调的是梭罗投入地描写苹果多样的味道和香味，并给许多培育出的品种起了别出心裁的名字。《野苹果》活在读者的记忆中，能指导漫步者如何欣赏苹果。对野苹果外观、气味和味道的赞美，实际上是在赞美一种生活方式，让我们能留心这些事情。

很明显，梭罗旨在塑造一种生活方式。他赞美的野苹果，在田野上或者树林中吃它们的时候，它们是多么精神饱满而又保持原味，而把它们带进房子，就不断产生一种粗糙而酸涩的味道。那种"漫步者的苹果"，就连漫步者也不能在房子里面吃。因为在屋里，你会错过10月的空气，而空气是吃苹果时的调味料。换句话说，它的味道是在测试我们是否有能力欣赏苹果英雄主义的道德典范。要想品尝这些10月果实野性且强烈的味道，你就必须呼吸着10月或11月凛冽的空气。在这种情况下，味觉不仅仅是五种感官之一，更是象征着体力和智力的协调一致，身体和大脑与包容一切的自然力量的协调一致。品尝果实就要成为它生命和表现形式的一部分，找到结出果实过程中的参与感与归属感，这就要求人们处于各种感官力量的顶峰，保持完全清醒。野苹果的味道是我们要准备好接受的一种恩赐，这些苹果挂在风霜和雨中，吸收了天气或季节的品质，因而被高度调味，它们用自己的精神来刺穿、刺痛和渗透我们。因此，它们必须被及时吃掉，即在户外吃。

梭罗的观点与如今"生态区域主义"的观点类似,关注的是一个特定地方的地理、生态和总体精神。他在不同地区寻找新的品种和类型的野苹果,并且给它们命名,比如"生长在溪谷和树林中的苹果",还有"生长在牧草场洼地的苹果""生长在老地窖洞里的苹果""草地苹果""鹧鸪苹果""逃学者苹果"等。这些名称指的不是外观或味道,而是发现它们的地方。每一种苹果的味道会让他想起那个地方,想起那次旅行。这样,每一种苹果都记录了一次漫步。《野苹果》一文的关键部分还叙述了野苹果的烹饪实验,描写生动幽默,与苹果作为道德典范的构建形成对比。

第五节 种子的魔力

3亿年前的石炭纪,种子在地球上出现。我们知道,种子从性而来,而性的本质源于基因个体间的互换。植物能在种群内生死轮回并不断进行生殖和繁衍,靠的便是种子的演化。种子的演化成就了大自然的艳阳繁花。

种子有大有小,大的如海椰子,可达 20 公斤,人要花大力气才能搬动;小的如兰花种子,其各种极端的形状与构造,组成了地球上最多样化并且高度进化的植物家族,人用肉眼几乎看不见。种子很奇妙,地球上体量最大的生物是生长在美国西部内华达山脉中的"雪曼将军树"巨杉;地球上最长寿的生物也生长在加利福尼亚州的荒漠之中,年龄超过一万年。相同的是,它们都源于一粒粒小小的种子。生态学家乔纳森·西尔弗顿在《种子的故事》一书中说,依靠一粒种子,经过千年以上的演化,"雪曼将军树"终成参天大树,可与 6 架波音 747-400 客机等重。而博物学作家理查德·梅比则在《杂草的故事》中这样说,就算是杂草,种子的产出量也非常惊人,一株具有一定规模的毛蕊花或小蓬草,往往能释放出超过 40 万粒种子。种子的形成并不断演化出的不同结构,推动了生物的进化。种子存有原始的生命,于是梭罗给种子赋予了一种隐喻的力量,那就是信仰。

种子出现了,终结了从叶子、果实到种子的自然循环。它是生命循环的终点,也预示了永恒的再生。《种子的传播》是梭罗后期自然历史课题中最接近完整的一篇,文中他研究了自然传播种子的方式。他对种子传播的研究体现在一篇名为《林木的演替》的演讲中,展示了他的自然研究已经深入土地管理和生态学领域。在《种子的传播》一文中,他对森林演替的观察描述了作为复杂生态系统基础的动态原则,提供了对自然创造力的想象。种子的释放、扩散和发芽为他提供了一扇窗户,展示了自然中的关键力量和永恒的创新力量。

从1854年的《瓦尔登湖》到1862年的《种子的传播》,执着的梭罗怀揣着对油松果实、白桦、红枫、黑白柳絮等植物种子的深沉爱恋,在他的家乡康科德镇恬静而辽阔的森林田野间走了10年,完成了从隐居者、农夫到生物学家、作家、诗人一系列的华丽转变,为世人留下了多达9000多页的原始笔记和植物学日记。他的"如天堂一样辽阔的观点"以及于寂寞中创造科学奇迹的坚定信仰,不仅成为自然科学史上的宝贵财富,也成为致力于科学研究的后来学者的楷模。

就所处时代而言,梭罗对种子传播的观察是先进的,可以在达尔文理论的更大背景下进行解读。他的文章是为了阐明自然未被人完全理解的方式,由此自然拥有一种个性,能有计划地实现更大的规划。到19世纪50年代中期,他开始超越拟人化的概念,但还未形成一种新的语言来描述对自然过程的新的认识。同时,他也认识到对种子的研究有直接的现实意义,可以反驳农民和土地主长久以来关于植物自发生长和种子来源与寿命的错误观念。

《种子的传播》源于梭罗的大量手稿,包括他发表于《纽约论坛周刊》和《马萨诸塞州报告》中的内容。他的观察范围基本上在康科德附近,包括松树、橡树、杉树、桦树、桤树、枫树、榆树、伏牛花、凤仙花、蒲公英以及各种灌木和果树;山雀、松鼠、知更鸟、蓝鸫、乌鸦、啄木鸟、狐狸以及各种昆虫。他的引用包罗万象,纵古论今,维吉尔的《农事诗》、普林尼的《自然史》、达尔文的《物种起源》、劳敦的《植物园》、布洛杰特的《气候学》、威尔逊的《美国鸟类学》,甚至爱默生的《马萨诸塞州森林自然生长的树木灌木丛报告》等,都是他观察和阅读的对象。

　　在书的开篇,关于一粒油松种子的迁徙过程,梭罗的描写相当精彩。油松是我们熟悉的一种生命力旺盛的松树,即便在中国也分布广泛。北美油松的果球坚硬,呈深棕色锥形,果实被称为松仁。油松的松果若挂在树上没人采摘或不自行脱落,可以过冬,甚至能挂在树上多年,而种子则包在松果坚硬多刺的黑色球囊之中。通常一个球囊可以拥有上百粒种子,每一个独立的小巢之中又成双成对精致地藏着两粒种子。更加神奇的是,松球能耐高温,如森林遇到山火,往往在火势过后,松果就能及时开裂,自动播撒出新的种子,重新唤醒大地。大自然这个如此精致的造物主,将自己的子民总是安排得有条不紊。梭罗发现了这一秘密,并在瓦尔登湖畔或其他地域持续跟踪它、观察它。他描写北美油松种子的传播,这一工作主要靠风和松鼠完成。一颗油松的果实,本来只是松鼠忙碌的嘴下香甜的美餐,只是在空气中散发松脂香气的棕色球体,只是挂在松枝或在蔚蓝天空下随风摇动、飘落的种子,但是这些在梭罗看来可不简单,他看出了种子的力量和一种执着的信仰,他看到了一颗种子为了生命的再次轮回重生所做出的不懈努力。他说:"油松整个冬天都会开放果实,慢慢地传播种子……我注意到油松是如何开始生长的,我也频繁地注意到自从它们发芽以来,这块平原就像披上了艺术的外衣……我也忘不了大渠东边茂密的油松林,我记得那儿以前有鸽子住在里面,那是一片开阔的草地,我也在那里采摘过黑莓,我们把那里叫作画眉谷,因为在炎炎夏日松树的树荫里能听见画眉的歌唱,在这些曾经是牧场的树林里我听见过好多次画眉的歌声,这是新的松林里开始生长的时代。"接下来,他思考并评论了自然有点浪费但始终不变的方法,这些方法的缓慢渐进令人费解。问题是通常人们观察都不够认真,以至于无法认识到种子的广泛传播或没有注意到幼苗的生长。没有任何东西能阻止幼苗几年内在村庄各处拔地而起,除了犁、锹和镰刀。在人类看来,这一过程进展缓慢,但这只能说明人类对于自然运作方式的认识有限。考虑到大自然是多么的锲而不舍,考虑到它有多少时间可以投入进来,人们无须对这样的结果感到惊讶。这并不意味着它行动异常高效,也并不意味着它成绩异常斐然。一大片松林一年可能会掉落数以百万计的种子,其中只有六七粒能被运送到1/4英里以外,落于某道篱笆旁边,而其中只有一粒能破土萌发、苗壮成长,那么在15年或20年后,那里会出现15棵或20棵小松树,松树林将会不断扩展。

这个过程表明自然是多么坚韧不拔,其运作时间是多么漫长。人类对这种方法感到陌生,但不可否认很有效。以这种无计划的方式,自然最终创造了一片森林。这些步骤看似软弱、隐秘,但大自然跨越了最大的距离,达成了最伟大的成就。在人类设想中,这个过程应该秩序井然,然而自然体系并非如此。这种缓慢但必然的森林再生过程表明自然有更大的秩序和规范,森林不是自发生成的,它的形成不是一蹴而就的,而是一个按照规律稳步推进的过程。那些规律就体现在种子上面,通过这个媒介,新生命得以维持和发展。新的树丛乃至最终新的森林,都来自种子,是自然运作的结果。

在梭罗看来,观察树林里的任何生命成长都是愉悦的。他从中感悟并认识到大自然的坚定、创造力,以及大自然所体现出来的"穿越了最长的距离完成了她最伟大的杰作"。梭罗说,松林从种子中来,种子不仅意味着生与再生,而且每一种植物都能在每一粒种子里重生,每一天既是创造日,也是再生日。当然,我们都知道,大自然总有一套自己种子储存的方法,那就是土壤这个载体,一旦具备了水分、氧气、温度和光照这四要素,种子必然会蓬勃萌发。2005年春的一天,发生了这样一次奇迹,从死海边古马萨达要塞废墟中找到的一颗休眠了近两千年的海枣树种子,在植物学家的呵护下重获新生,生长出嫩芽。梭罗虽然不相信植物会从没有种子的地方凭空破土而出,但他对种子却保持着一种充分的信心。"大地就是一座谷仓",这就是梭罗得出的结论。

想要更全面认识自然,存在很多障碍,其中之一就是人们往往把自然进程的目的限定在一个狭窄的范围。虽然在谈到自然的目标时,梭罗常用拟人化的语言,但他对这些进程逐渐有了更现代的认识,拓展了目标的范围。一颗种子不只扮演一个角色,在复杂的有机互动模式中,种子发挥了多方面的作用。大自然做起事情来张弛有道、急缓有度。如果需要长出一片水田芥或小萝卜,它就会显得行为敏捷、动作神速。但是如果需要长出一片松树林或是橡树林,它会不慌不忙、成竹在胸,在人类看来就显得迟缓懒散,或者干脆就是不务正业。《种子的传播》一文不仅是在描写种子的传播,还在描写自然各个因素之间的互动。梭罗的文章既阐明了自然令人畏惧的庞大,又阐明了相互依赖的和谐。这种对自然的描述削弱了人们对于自然过程中有超自然力量介入或类似人类目的的猜想,使得人类对自然的控制不可能实现。人类唯一的希望是开发与自然和谐合作的能力。如果人们能真正看清自然,他们会明白错误介入自然运作是徒劳的,会事与愿违。

通过观察植物传播以及自然不断创新的过程,《种子的传播》一文更像是梭罗对康科德地区农民和土地主的实用建议。梭罗论述的精华浓缩进《林木的演替》一文,这是他 1860 年在米德尔塞克斯郡农业学会会议上发表的演讲,他想把这些有用的信息传递给真正需要的人。这个场合对于研究抽象和非传统理论的学者和诗人来讲有点古怪,梭罗提醒听众,他是一个勘测员,他经常和听众中的一些人以及他的雇主在吃饭时交谈。作为一个地方自然学家,他经常走过这些人的地盘,并尽力使植物再生的过程变得简单易懂,说明种子在其中的中介作用,使农民和伐木工们明白一连串的关系和诱因,而他们的工作在其中也发挥了很大作用。他的分析清楚表明,最好的方法是遵循自然。

当梭罗看着风景变化,实际的东西变得有预言性。在描写松鼠在传播橡树种子过程中的作用后,他发现松鼠被广泛认为是该被消灭的有害动物。农民们只知道它们偶尔会在林地附近的田中偷粮种,也很可能让自己的孩子每年 5 月去射杀松鼠,其他地方也是如此。在偏远地区,人们每年秋天都会大规模猎杀松鼠,几小时之内就会杀掉几千只,人们为此深感喜悦。

除了这种大屠杀的悲惨场面,这样的行为会带来长期的危害。高贵的树种,像栗子树、山核桃、橡树,在目前的体系下会首先灭绝,很难再生。它们的位置会被松树、桦树取代,但松树和桦树的生命力也不再像最初那么强大,因为土壤缺少变化。人类盲目地过多介入导致了森林的破坏,所以保护自然是必要的,这个主题的重要性在后来的几十年日益凸显。由于梭罗的去世,《野果》和《种子的传播》都不完整,直到最近才出版。如果梭罗能完成他中止的工作,他对美国环保主义思想的影响很可能会更大。

《种子的传播》应该被看作梭罗文学成就的一个重要组成部分,其中对于经验式观察的掌握,将充满生机的哲学上的理想主义以及对自然诗意的欣赏融合在一起。

参考文献

[1]Adams,Stephen and Donald Ross Jr. Revising Mythologies: The Composition of Thoreau's Major Works[M]. Charlottesville: University Press of Virginia,1988.

[2]Agassiz,Louis. Essay on Classification[A]. Contribution to the Natural History of the United States of America. 2 vols[C]. Boston: Little,Brown and Company,1857.

[3]Agassiz Louis, and Augustus A. Gould. Principles of Zoology[M]. Boston: Gould, Kendall and Lincoln,1848.

[4]Baym, Nina. Thoreau's View of Science[J]. Journal of the History of Ideas 26(April—June 1965):221—234.

[5]Bercovitch,Sacvan. The Puritan Origins of the American Self[M]. New Haven: Yale University Press,1975.

[6]Berger, Michael Benjamin. Thoreau's Late Career and "The Dispersion of Seeds": The Saunterer's Synoptic Vision[M]. Rochester,N. Y. : Camden House,2000.

[7]Blair, John G. and Augustus Trowbridge. Thoreau on Katahdin[J]. American Quarterly 12(winter 1960):508—517.

[8]Buell,Lawrence. American Pastoral Ideology Reappraised[J]. American Literary History 1(spring 1989):1—29.

[9]Buell,Lawrence. The Environmental Imagination: Thoreau, Nature Writing, and the Formation of American Culture[M]. Cambridge: Belknap Press of Harvard University Press,1995.

[10]Cabot,James E. Immanuel Kant[J]. Dial 4(April 1844):

409—415.

[11]Campbell,Stanley W. The Slave Catchers:Enforcement of the Fugitive Slave Law,1850—1860[M]. Chapel Hill: University of North Carolina Press,1970.

[12]Capper,Charles. Margaret Fuller: An American Romantic Life[M]. The Private Years. New York: Oxford University Press,1992.

[13]Channing,William Ellery. Thoreau the Poet-Naturalist[M]. Ed. F. B. Sanborn. Boston: Charles E. Goodspeed,1902.

[14]Dean,Bradley P. Reconstructions of Thoreau's Early 'Life without Principle' Lectures[J]. Studies in the American Renaissance,1987:285—364.

[15]Dean,Bradley P. Thoreau's Lectures before Walden: An Annotated Calendar[J]. In Studies in the American Renaissance,January,1995:127—228.

[16]Emerson,Ralph Waldo. Collected Works of Ralph Waldo Emerson[M]. Cambridge:Harvard University Press,1971.

[17]Emerson,Ralph Waldo. The Letters of Ralph Waldo Emerson[M]. New York: Columbia University Press,1995.

[18]Garber,Frederick. Thoreau's Redemptive Imagination [M]. New York: New York University Press,1977.

[19]Harding, Walter. The Days of Henry Thoreau: A Biography[M]. Princeton: Princeton University Press,1993.

[20]Harding, Walter. Henry David Thoreau: A Profile[M]. New York: Hill and Wang,1971.

[21]Hawthorne,Nathaniel. The American Notebooks[A]. Centenary Edition of the Works of Nathaniel Hawthorne[C]. Columbus: Ohio State University Press,1972.

[22]Hildebidle,John. Thoreau: A Naturalist's Liberty[M]. Cambridge: Harvard University Press,1983.

[23]Marx,Leo. The Machine in the Garden: Technology and

the Pastoral Ideal in America[M]. New York: Oxford University Press,1964.

[24]Matthiessen,F. O. American Renaissance:Art and Expression in the age of Emerson and Whitman[M]. New York: Oxford University Press,1941.

[25]Myerson,Joel. Emerson and Thoreau: The Contemporary Reviews[M]. New York: Cambridge University Press, 1992.

[26]Myerson,Joel. The Cambridge Companion to Henry David Thoreau[M]. New York: Cambridge University Press,1995.

[27]Paul, Sherman. The Shores of America: Thoreau's Inward Exploration[M]. Urbana: University of Illinois Press,1958.

[28]Richardson, Robert D. Jr. Henry Thoreau: A Life of the Mind[M]. Berkeley: University of California Press,1986.

[29]Rossi, William. Thoreau's Transcendental Ecocentrism[A]. In Thoreau's Sense of Place:Essays In American Environmental Writing[C]. Iowa City: University of Iowa Press,2000.

[30]Sattelmeyer, Robert. Introduction to Henry David Thoreau [A]. The Natural History Essays[C]. Salt Lake City:Peregrine Smith,1980.

[31]Sayre, Robert F. Thoreau and the American Indians[M]. Princeton: Princeton University Press, 1977.

[32]Shi,David. The Simple Life: Plain Living and High Thinking in American Culture[M]. New York: Oxford University Press, 1985.

[33] Thoreau, Henry David Thorean. Collected Essays and Poems[M]. New York:Library of America,2001.

[34]Thoreau,Henry David. Correspondence[M]. New York: New York University Press,1958.

[35]Thoreau,Henry David. Faith in a Seed: The Dispersion of Seeds and Other Late Natural History Writings[M]. Washington, D. C. :Island Press,1993.

［36］Thoreau, Henry David. Journal［M］. Princeton：Princeton University Press,1981.

［37］Thoreau, Henry David. The Maine Woods［M］. Princeton：Princeton University Press,1972.

［38］Thoreau, Henry David. The Natural History Essays［M］. Salt Lake City：Peregrine Smith Books,1980.

［39］Thoreau, Henry David. Night and Moonlight［J］. Atlantic Monthly 12：579—583.

［40］Thoreau, Henry David. Reform Papers［M］. Princeton：Princeton University Press,1978.

［41］Thoreau, Henry David. Walden［M］. Princeton：Princeton University Press,1971.

［42］Thoreau, Henry David. A Week on the Concord and Merrimack Rivers［M］. Princeton：Princeton University Press,1980.

［43］Thoreau, Henry David. Wild Fruits：Thoreau's Rediscovered Last Manuscript［M］. New York：Norton,1999.

［44］Von Frank, Albert J. The Trials of Anthony Burns：Freedom and Slavery in Emerson's Boston［M］. Cambridge：Harvard University Press,1998.

［45］Walls, Laura Dassow. Seeing New Worlds：Henry David Thoreau and Nineteenth-century Natural Science［M］. Madison：University of Wisconsin Press,1995.

［46］阿尔贝特·施韦泽. 敬畏生命［M］. 陈泽环,译. 上海：上海社会科学院出版社,2003.

［47］爱默生. 美的透视——爱默生散文选［M］. 佟孝功,等译. 长沙：湖南文艺出版社,1992.

［48］保罗·库尔兹. 21世纪的人道主义［M］. 肖峰,等译. 北京：东方出版社,1998.

［49］程虹. 寻归荒野［M］. 北京：三联书店,2001.

［50］庄子. 庄子［M］. 张燕婴,译注. 北京：中华书局,2007.

[51]张冲.新编美国文学史:第一卷[M].上海:上海外语教育出版社,2000.

[52]余谋昌.生态伦理学——从理论走向实践[M].北京:首都师范大学出版社,1999.

[53]董衡.美国文学简史[M].北京:人民文学出版社,1978.

[54]傅华.生态伦理学探究[M].北京:华夏出版社,2002.

[55]亨利·戴维·梭罗.瓦尔登湖[M].徐迟,译.上海:上海译文出版社,2009.

[56]霍尔姆斯·罗尔顿.哲学走向荒野[M].刘耳,叶平译.长春:吉林人民出版社,2000.

[57]孔子.论语[M].张燕婴,译注.北京:中华书局,2006.

[58]老子.老子[M].饶尚宽,译注.北京:中华书局,2006.

[59]唐纳德·沃斯特.自然的经济体系[M].侯文蕙,译.北京:商务印书馆,1999.

[60]刘湘溶.人与自然的道德话语[M].长沙:湖南师范大学出版社,2004.

[61]罗伯特·米尔德.重塑梭罗[M].马会绢,译.北京:东方出版社,2002.

[62]罗伯特·赛尔.梭罗集[M].陈凯,等译.北京:三联书店,1996.

[63]孟子.孟子[M].蓝旭,译注.北京:中华书局,2006.

[64]纳什.大自然的权利:环境伦理学史[M].青岛:青岛出版社,1999.

[65]史蒂芬·哈恩.梭罗[M].王艳芳,译.北京:中华书局,2002.

[66]梭罗.梭罗日记[M].朱子仪,译.北京:北京十月文艺出版社,2005.

[67]李静.论梭罗的自然观[J].河南科技大学学报,2006(3):44—47.

[68]苇岸.我与梭罗[J].世界文学,1998(5):283—290.

[69]杨金才.梭罗的遁世与入世情怀[J].南京社会科学,

2004(12):71—76.

[70]于立亭.梭罗与道家思想[J].长春理工大学学报(社会科学版),2005(1):83—84.

[71]段爱兰.梭罗生态思想与中国"天人合一"观念的契合[J].齐齐哈尔大学学报(哲社版),2013(5):12—14.

[72]曾建平.自然之思:西方生态伦理思想探究[M].北京:中国社会科学出版社,2004.

[73]段爱兰.梭罗生态智慧成因的探究[J].赤峰学院学报(哲社版),2012(4):126—127.

[74]张建国.庄子和梭罗散文思想内涵之比较[J].河南大学学报(社会科学版),2005(5):47—49.

[75]段爱兰.论梭罗《瓦尔登湖》的深层生态学思想[J].运城学院学报,2011(4):73—76.

后 记

　　梭罗时期的美国,经济发展和物质利益是人们主要的追求所在,再加上人类中心主义一直是普遍的社会思潮,梭罗的观点还不能被大多数人所理解。随着工业化的进程和环境问题的日益严重,以及现代环境保护运动的兴起,梭罗倡导的环境思想和保护荒野价值的理念越来越受到人们的重视。他在一百多年前提出的问题目前仍是美国乃至全世界所关注的社会问题,这足以说明他的思想具有前瞻性和合理性。

　　19世纪后期,由于第二次工业革命的兴起和政府自由放任的政策,美国经济出现了高速增长的态势。到1884年,美国工业比重首次超过农业,最终成为一个工业大国。资本家们掠夺式的开采和美国人对自然资源的漠视态度,使这一时期对自然资源的浪费和破坏达到了前所未有的程度。首先是对森林的过度砍伐。据1890年统计,铁路枕木大约5～8年便需要更换一次,每年修筑新的铁路和更换旧枕木共需枕木7300万根。取暖、照明、修建房屋和采矿业的发展都离不开木材。芝加哥因其铁路中心的优势而成为全国最大的木材集散中心,来自大湖区的木材源源不断地从这里流向全国各地。木材采伐中的浪费十分惊人,能使用的木料通常只占采伐量的1/2,频繁的森林大火也造成了森林面积的大范围减少。到19世纪末,美国4/5的森林已经消失,剩下的森林很大一部分落到少数大木材公司手中。

　　森林的毁坏导致水土流失和生态环境恶化。20世纪初,宾夕法尼亚以南的高地地区因森林被毁而流失的土地达3000万平方千米。19世纪最后几十年科罗拉多州森林面积的减少使水库蓄水量下降,影响了农业的灌溉。阿迪朗达克山脉森林的消失破坏了哈德逊河的通航能力,直接威胁纽约州的经济。到19世纪末,已经有1亿英亩的土地因水土流失而被毁坏废弃,2亿英亩土地水土严重流失。英国经济史学家吉尔伯特·菲特说:"从广义的美学和生态学的观点来看,美国的经济发展是以对环境巨大的,对有些地方甚至是以不可弥补的损失为代价而换来的。"

　　野生动物资源遭到的破坏似乎更为严重。对毛皮和食肉的需要导致美国人对野生动物的大肆屠杀。以野牛为例,这种动物的足迹曾遍及北美,总数最多时达6000万头。19世纪由于人类的滥捕滥杀和生存环境的污染,野牛的数目迅速减少。19世纪后期对野牛的捕猎一度达到疯狂的地步,仅1873年就有700万头野牛被杀。有一个叫"野牛比尔"的人因为曾在17个月里只身射杀了游荡在大平原上的4280头野牛而成为美国人心目中的英雄和文学传奇的主角。到20世纪90年代,野牛几乎灭绝。政府在1894年公布的一项调查显示,除了生活在公园里供观赏的1000头野牛外,散落在野外的野牛只剩下屈指可数的几十头了。其他野生动物也难逃厄运。数目曾多达20亿只,迁徙时遮天蔽日的北美候鸽,到20世纪初已销声匿迹。几十年前还随处可见的蓝羚羊和斑马也不见了踪影。最后一只北美候鸽和最后一只卡罗来纳长尾小鹦鹉分别于1914年和1918年在辛辛那提动物园死去。

　　梭罗关于人应亲近自然,与自然和谐相处的思想只有到了这个时候才真正引起一些为环境而忧心的知识分子的共鸣。1864年,梭罗呼吁建立国有森林的遗作《缅因森林》出版。同年,曾任美国外交官的乔治·马什创作了《人与自然》一书。他认为自然界是有秩序的,对某一种资源的过度使用必然会对其他的自然资源产生影响,而森林在生态平衡的保持中起着特别重要的作用。马什的书出版后广为流传,多次重印,和梭罗的书一道成为19世纪末20世纪初美国自然资源保护运动重要的理论准备。

　　面对自然资源的破坏,19世纪末美国国内出现了两种不同的自然保护哲学:资源保护主义和自然保护主义。前者以吉弗德·平肖等官方人士和专家为主,主张为了使用而保护,因此他们的资源保护原则可以表述为开发、节约、保护和服从公共利益的需要。后者以约翰·缪尔等民间有识之士和自然爱好者为代表,认为自然不是徒具其表的空壳,而是有内在的精神和人格的,它能给人以美的享受、道德的陶冶,是精神之本,生命之源,所以他们反对以功利主义哲学为基础的资源保护主义,而要求从精神和审美的角度出发去保护自然。显然,自然保护主义者直接继承了梭罗的思想。

缪尔是 19 世纪末 20 世纪初美国著名的博物学家和生态文学家,加州红杉树国家公园和约塞米蒂国家公园的主要筹建人,也是梭罗的崇拜者。年轻的缪尔一读到梭罗的作品,立刻就被梭罗的自然情怀所吸引,他几乎拥有梭罗的全部著作,并在上面做了阅读标记。和梭罗一样,缪尔极力赞美荒野,崇尚荒野的美丽和价值。他提出“在上帝的荒野里蕴含着这个世界的希望”的观点,从而与梭罗提出的“只有在荒野中才能保护这个世界”的思想相呼应。他所有作品都着力刻画了大自然或荒野的精神性,并试图说明大自然对人类是有价值的。他认为,凡是野生的都比人工的好,人们一旦到了荒野,就可以在精神上得到再生。“人类本来就来自森林”,因此,“到森林就像到家里去”。自然是“通向天国的窗户,是造物主的镜子”。正因为如此,缪尔也被人们称为“西部的梭罗”“心醉神迷的梭罗”。哈佛大学布伊教授谈到梭罗对缪尔的影响时指出:“梭罗不是约翰·缪尔,但梭罗激励了约翰·缪尔。”

在长期的山野旅行和勘探中,缪尔发现了他所热爱的那些荒野所遭受的破坏,意识到保护野生自然环境的重要性和紧迫性。为此,1871 年缪尔建议联邦政府采取森林保护政策,在他的呼吁下,1890 年红杉树国家公园和约塞米蒂国家公园相继成立。1892年,缪尔又协助建立了著名环保组织“塞拉俱乐部”,其宗旨是“保护内华达山脉的森林和其他自然资源”,他本人被推举为首任会长。梭罗的名言“在荒野中保留一个世界”成为塞拉俱乐部的口号。1896年缪尔又加入美国国家森林委员会，该委员会旨在向国会提供森林管理规划。1908年，已步入老年的缪尔还在为反对在赫奇赫切河拦水建坝而奔走呼吁……可以说缪尔一生都在参与自然保护行动，都在为唤醒公众的自然保护意识而努力，正如纳什所言："缪尔因证明了正在消失的荒野的价值，并捍卫国家公园理想而成了他同时代人的英雄。"

梭罗环境思想在20世纪的重要传承者是被誉为"生态伦理之父""现代环境主义运动真正祖师爷"的美国著名科学家兼作家奥尔多·利奥波德。他在威斯康星州的巴拉布附近一个被称为"沙乡"的地方，购置了一个由于滥用而几近沙漠化的农场，在那里生活到去世。他在闲暇时间过着一种梭罗式的生活，是一个乡村自然博物者，远离技术和文化，种草植树，医治土地的创伤，为重新恢复人与自然的和谐关系进行体验和示范。在他的散文集《沙乡年鉴》中，利奥波德用非常优美的语言阐述了自己的生态自然观，提出了著名的"土地伦理"思想和"土地共同体"的概念。他主张伦理学的道德规范需要从调节人与人之间的关系，或者人与社会之间的关系，扩展到人与土地共同体之间的关系，把道德权利扩展到动物、植物、土壤、水域和其他自然界的实体，确认它们在一种自然状态中持续存在的权利。他进而指出人类应该重新考虑自己在自然界的地位和角色，人应当改变在土地共同体中征服者的面目，而成为这个共同体的一员。"它暗含着对每个成员的尊敬，也包括对这个共同体本身的尊敬。"这种尊重土地、热爱土地的理论对20世纪六七十年代的美国环境保护运动产生了巨大的影响，被誉为"现代生物中心或整体主义理论学的重要思想来源"。

利奥波德去世14年后，美国著名女生物学家蕾切尔·卡逊以她《寂静的春天》一书吸引了全世界对环境问题的关注。该书以大量的事实和科学依据揭示了滥用杀虫剂对生态环境的破坏和对人类健康的损害，质疑现代人征服自然、控制自然的观念和狂妄的态度，表达自己"非人类中心主义"的生态整体伦理思想。

卡逊坦言,她的思想得益于像梭罗和缪尔这样的 19 世纪的伟人。从她的书中可以看出,卡逊有着梭罗式超验论者对自然和野生生命的热爱,但其并非空洞的赞美和歌颂,而是将这种感情落实到现实实践层面和社会伦理层面,提出了具体的建议和方法。她赞同缪尔的自然保护主义,认识到自然界中的一切都是这个错综复杂的生态系统的一部分,并且希望从自然本身的价值而非人类的功利目的出发尽可能保持它的原貌,使它得以继续存在,同时她又主张将这种保护从开辟国家森林延伸到每个人的日常生活中。卡逊的理论奠定了现代环保运动的基础,从此以后,环境保护和生态文明的原则逐渐被各国政府和民间所接受,卡逊也因此被称为"现代环保之母"。然而,当我们赞美卡逊的时候,也不能忽视 100 多年前梭罗和缪尔等人做出的贡献。

1990 年,摇滚歌手唐·亨利发起建立了"瓦尔登森林工程"来保护面临商业开发的瓦尔登湖区。一年以后,他又联合好莱坞艺人写了一本散文集《天堂就在我们脚下》,这本书成为当年的畅销书。在这本书里,梭罗被描绘成一个美丽的作家,一个节俭的人,"是耐心和深思熟虑的典范,正直、献身和原则的榜样"。美国总统吉米·卡特在为此书所写的序言中,也把梭罗称作"国家公园和荒野保护的最初提倡者,是环境保护运动的先驱者"。今天,人们仍以不同的方式怀念梭罗,探寻他的足迹,每年有 50 多万人从马萨诸塞州的高速公路拐到弯弯曲曲的公路上,目的地都是瓦尔登湖。随着时间的推移和环境保护理念的深入人心,梭罗的影响必将日益增强。